D1827385

TPPと日本の論点

農文協 編

農文協
ブックレット

まえがき

本書は、２０１０年12月に緊急出版した『ＴＰＰ反対の大義』の続編です。『大義』がＴＰＰ（環太平洋経済連携協定）の基本的な骨格や本質、および食料・農業・農村問題を主として扱ったのに対して、本書では政治、経済、財政、金融、医療、食、労働市場、環境、地方自治等広範な問題を取り上げ、ＴＰＰが広く日本の経済社会、暮らしや労働、環境等に大きな災厄をもたらすものであることを明らかにし、それとは反対の国、地域づくりの方向と対抗論理を提案いたしました。

本書は３つのＰＡＲＴで構成しています。

ＰＡＲＴ１では地方自治を含む政治、経済、財政、安全保障問題等を取り上げ、輸出拡大志向の経済体質を改め内需主導の地域循環型経済構造の創造とその国際的連携こそが、日本の真の安心と安全を担保するものであることを明らかにしています。

ＰＡＲＴ２では医療、食、労働、環境等を取り上げ、これらがアメリカンスタンダードに席巻される危険な事態を明らかにすると同時に、グローバリズム反対という一般論に解消するのでなく、農工商や情報、医療を含むサービス産業等のあり方をローカル・ナショナル・グローバルの３つの位相にどのように位置づけ展望するのか、野心的な試論も提案しています。

ＰＡＲＴ３では農業・農村を、そのまた基本問題である構造、農地、協同組合の今日的課題にしぼって取り上げ、ＰＡＲＴ１、２の論点とも関連させながら、農業・農村の健全な発展が日本社会全体の安全と安寧にどのようにつながるのかを明らかにしました。

＊

東日本大震災と原発事故はこの国のありようを根本から問うています。地震や津波そのものをなくすことはできないが、その被害を大きくするか小さく抑えられるかは私たちの社会のありようにかかっている。その基本は無限のグローバル化・大規模集中型ではなく、小規模分散型とローカル化、およびそのネットワーク化ではないでしょうか。ＴＰＰがそうした方向に背くものであることは明らかです。

政府はＴＰＰ参加の準備を一時中断していますが、財界などは、復興を担保するためにも経済成長の加速が必要でＴＰＰ参加を急ぐべきだと主張し始めています。本書はそのような動きがこの国をさらに危険な状況に導く暴論、愚策であることを明らかにしました。

本書が震災からの復興も含め、新しい日本社会のあり方を模索する方々のご参考になれば幸いです。

２０１１年４月

㈳農山漁村文化協会編集局

PART2　医療、食、労働、地域、環境

PART3　農業、農村

PART 1

政治、経済、財政、金融、地方自治

色あせた「国民の生活が第一」をいかに立て直すか

「開国」は文明論の次元から考察の積み重ねを

北海道大学大学院法学研究科教授　山口二郎

政権交代の画期的意義を自ら葬り去りつつある情けなさ

ＴＰＰをめぐる民主党政権の混迷は、日本における政党政治の未成熟を物語る最大のエピソードである。

２００９年の政権交代によって、日本もようやく一人前の民主政治の仲間入りをしたと思われた。一つの政権の政策が行き詰ったとき、国民が選挙によって政権を入れ替え、政策を転換するというメカニズムがようやく作動したはずであった。

実際、２０００年代中ごろまでの小泉政権による構造改革は日本社会を大きく疲弊させた。そこでおこなわれたことは、市場原理に対する制約の除去、社会サービスに対する政府支出の削減であり、普通の市民にとっては生きづらい社会をもたらしただけであった。

民主党は小選挙区において自民党に対抗するために形成されたいわば寄せ集めの政党であり、政策の基本的方向性をめぐっては長年「自分探し」を続けてきた。しかし、２０００年代の後半になってようやく新自由主義との対決、社会民主主義的な再分配に向けた政権構想を打ち出すにいたった。「国民の生活が第一」というスローガンこそ、そのような路線の象徴であった。

政権交代の当初は、民主党はそのような方向での政策に着手した。子ども手当、高校無償化などの新機軸が実現したことは、政権交代の意義を物語った。もちろん、小さな政府路線に既得権を見出していた勢力は、新政権のこうした政策に対して非難を浴びせる。いわく、ばらまきだ、成長戦略がないなどなど。今の時代に経済成長の妙案をもっている人がいるならお目にかかりたいものである。それより大きな問題は、21世紀に入って経済成長が必ずしも普通の人びとの豊かさに結びつかないという現象が顕著になったということである。小泉政権時代には、いざなぎ越えといわれる景気拡大が起きた。企業収益が増え、ＧＤＰが拡大しても、それは人びとの幸福をもたらすわけではなかったのである。

民主党が「生活第一」を強固な理念としてもつならば、こうした批判に対してきちんと反論したはずである。

「ばらまき」という難癖にきちんと応えよ

「ばらまき」とは何か。不特定多数の人に現金、現物を給付するのをばらまきと呼ぶならば、福祉国家とは、ある意味でばらまき国家である。たとえば、年金こそ現代日本における最大のばらまきである。今の高齢者は、自分が払った保険料の数十倍の年金を受給しているのであるから、これは所得移転である。高齢者を社会で扶養するという趣旨を実現するには、高齢者に現金をばらまくことが必要となるのである。

普遍的なルールに基づいて現金、現物をばらまく政策こそ、本来の社会保障である。自民党政権時代には、ルールが存在せず、もっぱら官僚の裁量と、政治家の圧力によって恣意的にばらまきがおこなわれたから、再分配が不公正を伴ったのである。民主党はそこの違いを説明すればよいだけの話である。

子どもを産み、育てる現役世代において非正規労働が増加し、低賃金で働くことを余儀なくされる人びとが増えている今、子どもを社会で扶養することが必要である。高齢者を社会で扶養する年金制度が正しい社会政策なら、子どもを社会で扶養するための子ども手当も同様のはずである。ばらまきなどと言われてひるむ必要はないのである。新政権の最大の売り物であるはずの子ども手当にしてから、その画期的意義について民主党政権はその意義を十分説明できていない。情けない限りである。

鳩山政権時代には、まだしも政権としての理念を感じることができた。鳩山首相の施政方針演説などでは、「命を大切にする政治」、「誰もが居場所と出番のある社会」「新しい公共」など、政策の方向を示す理念が謳われた。

しかし、菅政権が誕生して以来、そのような理念が後退した感がある。菅は鳩山の失敗から過剰に「学習」しているように思える。国民の期待を集めるような高い目標の設定は避け、困難な政策課題にはなるべく手をつけないというのが菅政権の政治手法である。そして、経済界や対米関係など、民主党が再検討すべきテーマについて変化の姿勢を放棄し、自民党政権時代との違いを打ち消す方向に動いている。

歴史的文脈を理解し、目指すべき社会像を語り政策化せよ

ＴＰＰへの参加は、対米関係の維持と、経済界からの要求の実現という二つの課題に応える政策である。すでに多くの論者が指摘しているように、ＴＰＰは、経済構造を異にし、相互依存関係にある中小国の自由貿易協定から、アメリカの経済戦略を追求する手段に変質している。商品の市場開放だけでなく、金融をはじめとする様々なサービスについても徹底した規制緩和と市場開放を目指すといわれている。小泉政権時代のアメリカによる「年次改革要望」の再来といわれるのも当然である。

問題は、なぜ民主党政権がこのような政策を提起したかという点である。政党が政策的基軸を持たず、権力の保持を目的とするなら、有力な組織やメディアの受けが良い政策を打ち出して人気を保とうとするであろう。民主党の政策的原点があいまいなまま、自民党を倒すという実践的目的だけを共通項として民主党が結束を保ち政権交代を起こしたことが、政権交代から一年半経過した今、矛盾をさらけ出しているということができる。

確かに、２００９年の総選挙で民主党が打ち出したマニフェストは、政策の羅列で、体系性がない。あるいは、個々の政策を統合する包括的な理念があいまいである。また、民主党が売り物にしていた国民への現金給付や社会サービスの拡充について、財源面での詰めが甘いことも事実である。したがって、政権を維持する中でマニフェストを見直すことは不可避である。

しかし、マニフェストに実現不可能または今すぐには困難という政策が入っているからといって、政策の方向性をすべて転換することまでは行き過ぎ、あるいは間違いであり、政権交代を選択した国民への裏切りである。子ども手当や社会保障の充実など、生活を支える政策を整備するという方向性を堅持し、そのための財源について国民との対話を始めるというのが正当な手順である。

日本の政権交代は、偶然かもしれないが、リーマンショックに象徴されるグローバル金融資本主義の破綻、アメリカの一国主義的軍事力行使の失敗という二つの変化が明らかになったときに実現した。民主党はこのような歴史的文脈を理解し、自らの政治を位置付ける発想をもつべきである。今、政治指導者に必要なのは、これからの日本が目指すべき社会像である。

菅首相が打ち出した「開国」という言葉は、従来のグローバル資本主義の延長線上でのみ日本の将来を構想するものである。日本は依然として閉ざされた国であろうか。こと経済に関しては、他の先進国に劣らないほど開かれた国

である。農産物の関税は世界で最も低い。文化に関しても、ハイブラウな思想や学問から大衆向けの音楽、映画に至るまで、外国の先進的な文化が同時に流入している。閉ざされているところがあるとすれば、それは外国人に対する差別の意識であろう。高校無償化の政策から朝鮮学校を除外するなどという差別を平然とおこなう政府が開国を唱えるというのは、矛盾でしかない。民主党は本来、定住外国人への地方参政権の付与を訴えていたはずである。政権を取ると、こうした本来の開国の政策も引っ込めた。どのような意味で国を開放するのか、今考えるべきである。

日仏で対照的な規制緩和や〝開国〟の作法——自国の文化やコミュニティの基本をないがしろにしたニッポンの帰結

実は今、出張先のパリでこの文章を書いている。フランスにしばらくいると、社会の仕組みをつくるのは政策だということを痛感する。

フランスが農業国であることは広く知られている。豊かな農産物が食文化の基本にあることは言うまでもない。同時に、パリにいるとフランスは商業、とくに個人経営の小規模な商店を大事にしていることを実感する。街の角かどにパン屋、総菜屋、肉屋などが並び、人びとはなじみの店で買い物をする。もちろん、フランスにもカルフールなど大きなスーパーのチェーンも存在する。しかし、街の小さな商店を駆逐するような愚かなことはしなかった。

個性的な店が並び、人が行きかい、賑わいを醸し出すことこそ、都市の魅力の源泉である。こうした仕組みは、アメリカ流の市場万能主義と一線を画すという政策の所産である。

もちろん、フランスは世界に開かれた国である。世界中からフランスの優れた文化を味わいに大勢の人が集まる。また、フランス人は日本の漫画など、外国の文化にも貪欲であり、文化の交流からさらに新しいものが生まれる。

自国の農業や商業を大事にすることこそ、外に対して国を開くときに、外から人を集めるための基本的な資源となる。

日本では、流通業の世界で徹底した規制緩和と競争原理の導入が進んだ。その結果、中規模の都市においてはどこも中心部が空洞化し、郊外の巨大なショッピングセンターに行かなければ買い物もできないという事態が広がっている。買い物難民という言葉も一般化した。小売業の世界は、規制緩和の象徴である。そして、スーパーマーケットでは各国から輸入された食品が販売されている。自国の文化やコミュニティの基本をないがしろにして、無原則に国、あるいは市場を開くことがどのような帰結をもたらすか、我々はそろそろ認識しなければならない。

ウォルマートで買い物をするから貧乏になる！

大規模スーパーで輸入された安価な食品を買うという消費者の姿は、かつて大前研一などが説いていた「生活者」の政治が実現したものということもできる。彼は、国内農業や小売業を保護した結果日本の消費者は高い財、サービスを買わされており、そうした価格は見えない税金だと主張していた。市場開放と規制緩和によって消費者が支払う価格が低下したことで、見えない税金から解放されたという構図は、事の一面を説明する。

しかし、税金は安ければ安いほどよいというわけではない。税金を払わないことによって何が起こったのか。確かに安い買い物ができるようになったが、商業は衰退し、都市のコミュニティは崩壊し、農家は価格の低下で経営に苦しむようになった。人びとが社会の秩序、調和を維持するための費用を支払わなくなった結果である。

フランスは対照的である。確かに、パリの物価は高いようである。しかし、コミュニティを守り、都市の魅力を維持するためには、多少高くても小規模な店で市民が買い物をすることが必要である。

「生活者」という言葉にも、再考が必要である。

生活を単に消費と置き換えるなら、市場開放と規制緩和こそ生活者の利益を増加させる。しかし、生活とは単に消費するだけではないはずである。そもそも、ものを買うための金を稼ぐには、普通の人は自分の労働力を売らなければならない。労働力の買い手がいなくなれば、買い物のための金も稼げなくなる。価格の安さを至上価値とするならば、労働力も値崩れせざるを得ない。その結果、ワーキングプアが広がることとなった。

こうした逆説は、市場主義の本家であるアメリカでもようやく論じられるようになった。アメリカの代表的なスーパーのチェーンは、ウォルマートである。安売りの王様ウォルマートは貧民の味方のように見える。貧乏だからウォルマートで買い物をするというのは当然の理屈である。しかし、ウォルマートで買い物をするから貧乏になるという逆の面もまた真理である。ウォルマートは労働組合を認めておらず、低賃金労働を広げる。また、ウォルマートが出店すれば地域の小売業は根こそぎにされてしまう。また、ウォルマートに納入する業者は価格を抑えられ、苦しむ。つまり、徹底した自由化と低価格の追求は、人間の生活を破壊するのである。

構造改革による荒廃を直視し、文明論の次元から考え直そう

ＴＰＰの問題は、やや抽象的であるが、たとえばパリの

たたずまいとウォルマートの殺伐とした売り場の対比は、この問題を考える際の手掛かりとなるであろう。

市場原理や競争原理を無際限に広げるということは、食料品や工業製品だけでなく、人間の労働や教育、医療など人間を支えるサービスまでも商品と同列に扱うことを意味する。

国を開くというときに、我々は何を受け入れ、何を守るのか。市場原理や競争原理を拡大するというとき、どのような分野にあてはめ、どのような分野は市場原理を除外するのか。このような基本的な問題についての議論を重ねることなしに、ＴＰＰへの参加など決めるべきではない。

民主党政権がＴＰＰ参加を提起したことは、この党が掲げる「国民の生活が第一」という旗印が色あせたことを物語る。菅政権の言う国民生活とは一体何なのか。単に安い買い物ができればそれでよいということなのか。この政権が、政権交代当初の社会民主主義的色彩を薄め、新自由主義に回帰しようとしているという批判は、そうした側面に向けられているのであろう。

国を開くということは、すぐれて文明論的な課題である。ものと金の流れの制約がなくなることを以て開国というなら、実に貧困な発想である。21世紀初頭の構造改革がもたらした社会の荒廃を直視し、我々の生活はいかにあるべきかを考えることから、ＴＰＰの議論を始めるべきである。

選挙のときに全く議論のなかったこうした重要問題を、首相の思いつきで最大の政策課題に据えることは、民主政治のルールに反することでもある。幸か不幸か、菅政権にこれだけ大きな政策課題を決着させる政治的な力はなさそうである。その意味では、今すぐＴＰＰ参加が決まるという心配はしなくてもよいであろう。しかし、この問題については誰が政権を取っても議論は続くであろう。まさに、文明論の次元から考察を積み重ねることが必要である。

（やまぐち　じろう）

国際競争力より内需創造力

現代「自然な資本投下の順序」論・序説

東京大学大学院総合文化研究科教授　松原隆一郎

はじめに

筆者は、ＴＰＰと農家への戸別所得補償で日本は焼け野原になる、と考えている。ＴＰＰ参加で仮に製造業が潤い農業が壊滅状態になったとしても、農家の所得補償をするならば財源が必要になり、それを所得税や消費税に求めるならば金持ちは海外逃避するだろうし、法人税率を上げれば企業も流出してしまうからだ。

そもそもリカード以来の自由貿易論は、生産要素が国内にとどまり貿易財だけが移動することを前提している。しかしグローバリゼーションとはたんなる自由貿易ではなく資本と労働が国境を越えて移動することだから、リカードの比較優位説ではグローバリゼーションのもとにおける自由貿易は正当化できない。そしてそれに代わる正当化の論理は、一般論としては存在しない。そこで、ＴＰＰは日本の経済（ＧＤＰ）成長率を押し上げるといった理屈が唱えられている。

ＴＰＰの定義や意味、参加の日本農業に与えるダメージについては、『ＴＰＰ反対の大義』（２０１０年、農文協）に詳しい。けれどもＴＰＰに参加することは日本のＧＤＰ成長率を押し上げるという参加推進派の論理そのものを批判する議論は、手薄に感じられた。ＴＰＰ参加でＧＤＰは成長するだろう、しかしそれは農業を中心とする社会的共通資本や共同体を破壊することと引き替えにである、と主張するのであれば、反対派においても前半の「ＴＰＰ参加で成長率上昇」については漠然と了承されているように見受けられるのである。

そこで本稿は、「ＴＰＰによって国際競争力をつくれれば日本の経済成長率は高まる」という主張も経験的には肯定できないことを論じたい。

構造改革という名の「重商主義」——小泉改革の顛末

TPP参加によって関税を撤廃することは、第二の小泉構造改革である。それゆえその結果もまた、小泉構造改革から推測できるだろう。

構造改革については、「市場原理主義」という理解が一般的である。これもまた、同調派にも批判派にも共通している。筆者はそれを、不良債権処理を通じて労働・土地・資本といった生産要素市場の規制緩和を政府が強制するという「国策にもとづく生産要素の市場化」と、日本銀行の低金利政策とから成るものととらえている。労働や土地、資本にかかわる様々な慣行や規制、制度を解体し、また低金利政策を継続することは、政治権力によって可能になった。市場活動は人々の自由に任されてはいなかった。これを「重商主義」と呼んでおきたい。

では、構造改革は何を目指したのか。

それは当初、長引く不況は「構造」すなわち規制や慣行・制度がグローバリズムに適応できなくなったため生じたものとみなしていた（『平成13年度　年次経済財政報告』）。不動産・建設・卸流通といった利潤率の低い不振3業種が「構造」によって守られているが、それを解体すれば不振企業が抱える生産要素、すなわち労働も資本も土地も高利潤率の製造業に移動し、景気は回復して成長率は高まるとみなしたのである。そこで不良債権処理が断行され、不振産業では倒産が続いた。企業とは労働と資本と土地の塊だから、倒産すればそれらは市場に流出する。「国策にもとづく生産要素の市場化」とは、このことである。

こうした発想は、新自由主義に由来するといっていい。新自由主義では、構造改革は「滴り落ちる（トリクル・ダウン）」効果をもたらすとされる。その理屈が日本経済にも転用され、不動産・建設・卸流通によって占められた弱者たる中小企業や地方への保護をなくしても、強者たる大企業が先に業績を回復すれば、利益は弱者に滴り落ち、ひいては国民の全体に均霑するというのである。

だが、事態は机上のシナリオどおりには進まなかった。

２００３年春の株価上昇につられるようにして景気は回復したのだが、それは外国、とくに米中への輸出が伸びたからであった。構造改革が国内で需要を開拓したのではない。構造改革は、結果からみれば企業に国際競争力をつけさせて輸出促進を図る策、外需依存策だったのだ。国際競争においては価格競争が重視されるから、そのためにはリストラが有効だった。そして当然のようにして輸出産業は、構造改革論者が煽り立てたほどには労働や土地をさし

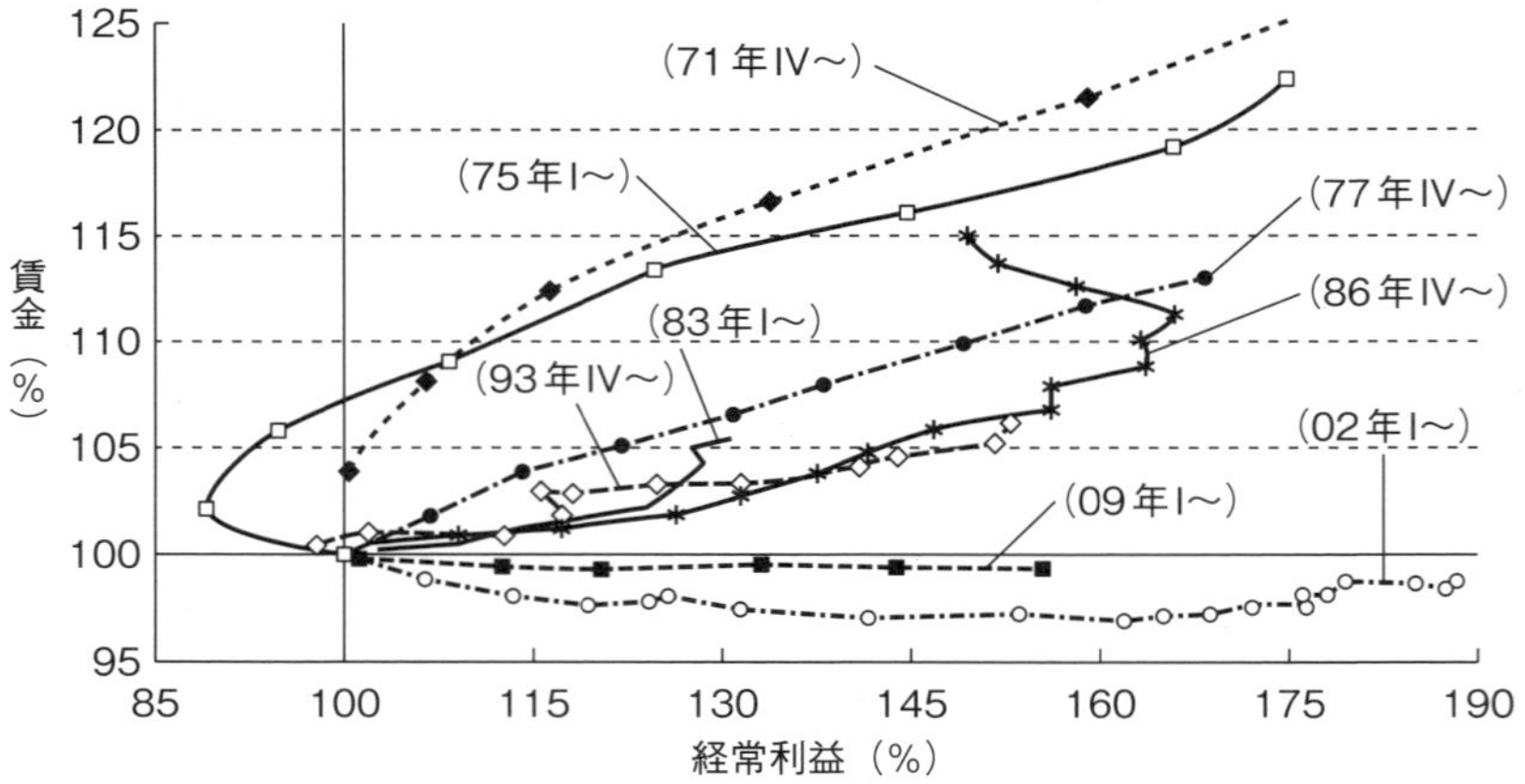

図１　景気回復局面における企業収益と賃金の推移

最近の回復局面では、企業収益の回復に見合った賃金増加が見られない。
出典：厚生労働省「毎月勤労統計調査」、財務省「法人企業統計季報」。図では賃金は現金給与総額、経常利益は一人当たりに直し、後方３期移動平均を取り、景気の谷を100として指数化している。図中Ⅰは第１四半期、Ⅳは第４四半期を表す。

て吸収しなかった。輸出を目論む製造業は、さらにリストラを進めて価格競争に臨んだからだ。国内を牽引するのでなく、切り捨てたのである。

実際、２００３年から08年までの緩やかな景気回復期において、賃金分配分が下がるという現象が見られた。戦後の日本では、景気回復期には企業収益の増額とともに賃金も上がり、従業員は企業とともに景気回復を実感できるという傾向がみられた。ところが今回、初めてこの傾向が消えたのである。利益は、大企業従業員の賃金にすら還元されなかったのだ（図１）。高利潤率の輸出大企業が不振産業の労働・資本・土地を引き受ける「トリクル・ダウン」が生じるどころではなかった。それどころか、低利潤率の産業のほうが製造業の断行するリストラの受け皿になったのだ。

最近では、一部に「農業ブーム」が起きているといわれる。大規模営農、企業営農に火がついたというのではない。「年収２０００万円の頃より１００万円の今のほうが断然幸せ」として、小規模農家や家庭菜園レベルの農業が注目を浴びているのである。それもまた、「逆トリクル・ダウン」の表れのひとつだろう。

構造改革は輸出製造業に利する策であり、その他を切り捨てる策だったのである。それが国民全体に支持されたのは、トリクル・ダウンという論法に期待がかけられたからだった。ところがトリクル・ダウンは起きなかったのである。

面白いのは、今回はトリクル・ダウンの理屈が持ち出されなかったことである。さすがに同じ主張は白々しいと考えられたのだろう。今回のTPP支持論においては、「GDPの98・5%を上げる製造業が1・5%の農業の犠牲になる」という論理が持ち出された。「TPPに参加すれば製造業が農家を助ける」ではなく、「参加しなければ製造業は農業の犠牲になる」と開き直ったのである。さすがにトリクル・ダウン説が嘘であることは明白になったからだろう。

本稿でいう「重商主義」は、たんに貿易依存率を高めるとか、輸出を促進するとかいった策ではない。輸入するための原資は輸出から得られるから、必需品の輸入には輸出が必要である。しかしここでの「重商主義」はそれではなく、輸出マイナス輸入、つまり純輸出を拡大することを通じて、国内の景気回復を図ろうとする策である。

トリクル・ダウンが生じるなら、「構造」の撤廃は総供給のみならず総需要も増やす好循環をもたらし、日本経済の体質を改善する。外需は着火する作用をもつだけで、好循環が始まれば日本経済は自律性を回復するはずである。しかしそうであるなら、なぜリーマン・ショック以降、金融機関が米国の証券化商品を欧州ほど多くは保有していなかったにもかかわらず、日本経済は不振を極め、デフレに苛まれているのか。それは、構造改革のシナリオが機能せず、実体として重商主義であることに欠陥があったからではないか。日本の景気が回復したのは、米中が輸入をおこなったからである。そして米国経済の低迷で輸出が滞ると、日本経済は内需不足状況に立ち戻ったのである。

構造改革のシナリオの理論的陥穽

なぜそのようなことになったのか。構造改革のシナリオは、どこが間違っていたのか。

03年～08年の5年間、日本は純輸出の拡張により経常収支の黒字を維持し、成長率を高めた。だがそれには条件があった。対米輸出を維持するためには、対ドルで円安を持続させねばならなかった（中国元はこの間、ほぼドルにペッグ（固定）されていた）。変動相場制とは、純輸出を拡大できるような国際競争力の強い国に、為替によってハンディをつける制度である。経常収支の黒字が続けば円高になりそうなものである。

ではなぜ経常収支黒字が維持されたか。それは日本が資本収支の赤字により米国に資本を提供したからである。デフォルメしていえば、輸出企業（製造業）は得たドルを円に交換せず（すれば円高に振れる）、米国債に投資したのである。

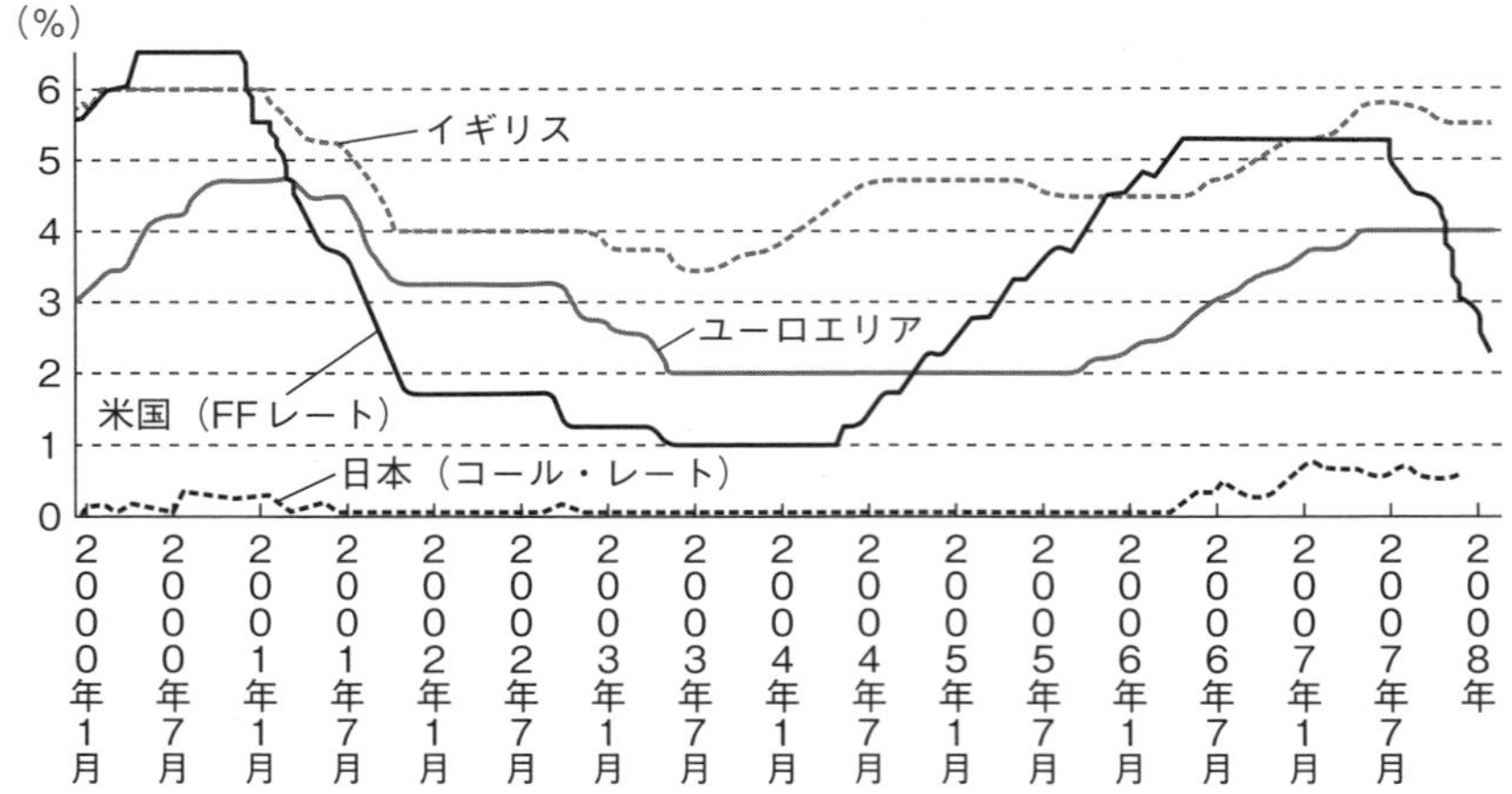

図2　主要国の政策金利の推移

ではなぜ日本円に換金した上で、日本で投資しなかったのか。リーマン・ショック以前の5年間、物価および利子率の差が日米間で平均して3%以上に維持されていたからだ（図2）。日銀の政策金利がほぼゼロに抑えられ、しかもFRBの政策金利が5〜6%にまで上がったからである。

この時期、日本で円を調達して海外で運用するという「円キャリートレード」が盛んになったが、低金利の資金は国内での投資に向けられるという教科書どおりの思惑に乗らず、海外との金利差に反応した（上川孝夫編『国際通貨体制と世界金融危機』2011年、日本経済評論社）。ケインズの『雇用・利子および貨幣の一般理論』（1936年）から通説とされるようになった金融政策は低金利で設備投資の拡大を図るというものだが、しかしケインズのこの本は、1933年に書いた論文「国家的自給」を前提していると考えられる。つまり、資本の国際移動を規制した上でしか金融政策は効かない、というのがケインズの判断であり、そのとおりのことがこの間の日本で起きたのだ。

ついでに言えば、F．A．ハイエクは、新自由主義の祖のように巷間言われるが、彼の景気循環論は、政府の低金利政策や銀行の過剰融資が余計な設備投資を誘発し、それが崩壊することでバブルがはじけて恐慌になる、というものだった。その図式でいえば、日米間の金利差で米国の住宅産業に過剰投資がなされたことになり、サブプライム危

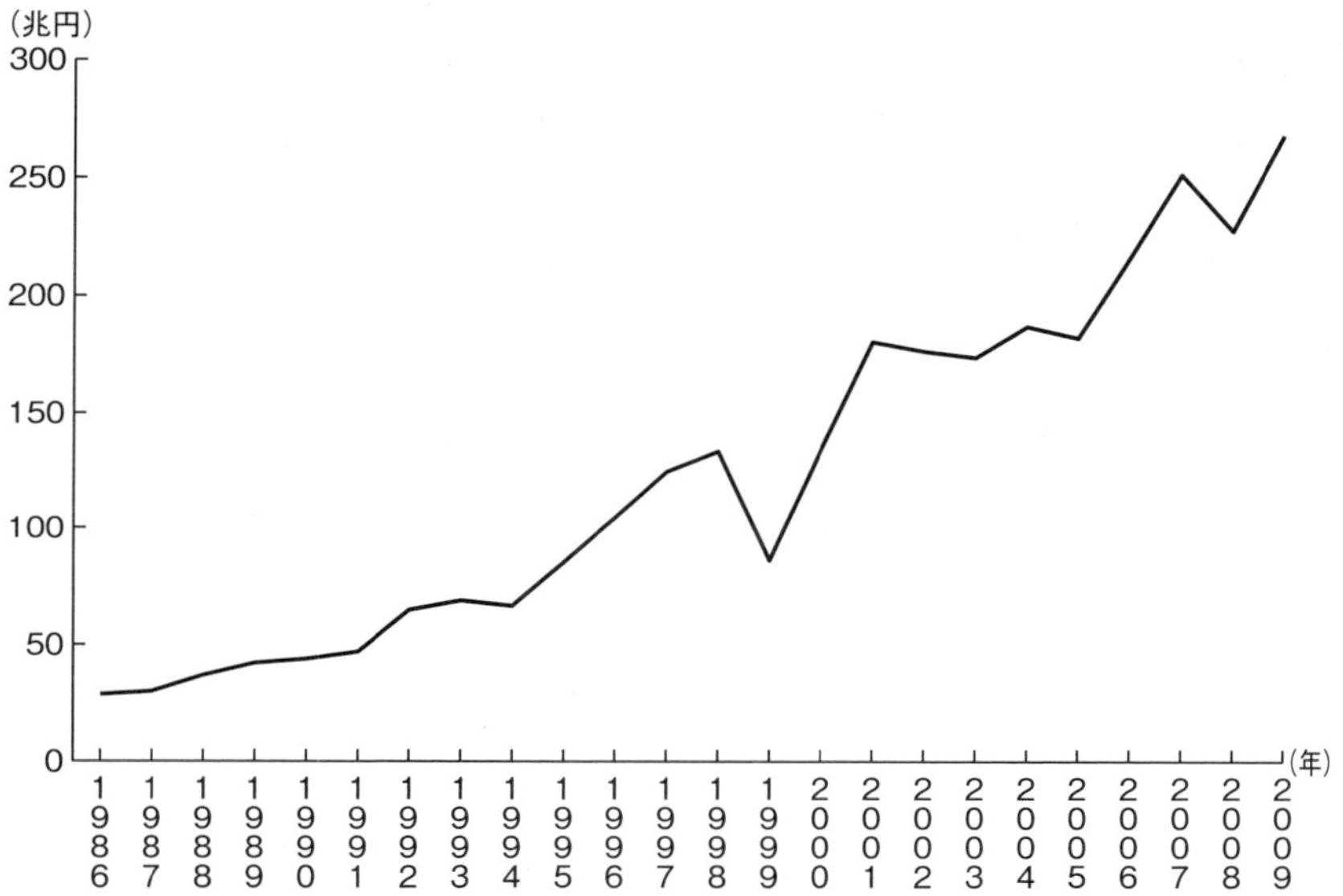

図３　対外資産負債残高の推移

出典：財務省「本邦対外資産負債残高」。

機やリーマン・ショックはすでに想定内だったことになる。ケインズやハイエクが１９３０年代におこなっていた論争の水準を忘れ去ったのが昨今の経済政策論なのである。

さて１９９９年には１００兆円に満たなかった日本の対外純資産は、２００９年には前年比18・１％増の２６６兆円にまで増加した。主要国を比較すれば日本は中国・ドイツ・スイスを圧して第一位の座を保っている。米国債についても、08年に中国に抜かれるまでは世界一多く保有していた（図３、４）。

国際競争力は各企業が収益を上げるためには言うまでもなく重要であるが、価格競争によって輸出を伸ばしても、国レベルでは景気対策にはならない。変動為替制度のもとでは円高によって相殺されるだけだからだ。つまり、国際競争力によって内需不足に起因する景気不振から脱しようとする重商主義は、幻想でしかないのである。

そしてリーマン・ショックから米国が政策金利を下げると、金利差は縮小し、米国で運用するうまみはなくなった。そこで経常収支の黒字分も含め、円に換金して日本で運用しようとする圧力が強まり、２０１０年夏には一気に円高が進んだ。１年前から金利差は解消されており、いずれ円高が勃発しても

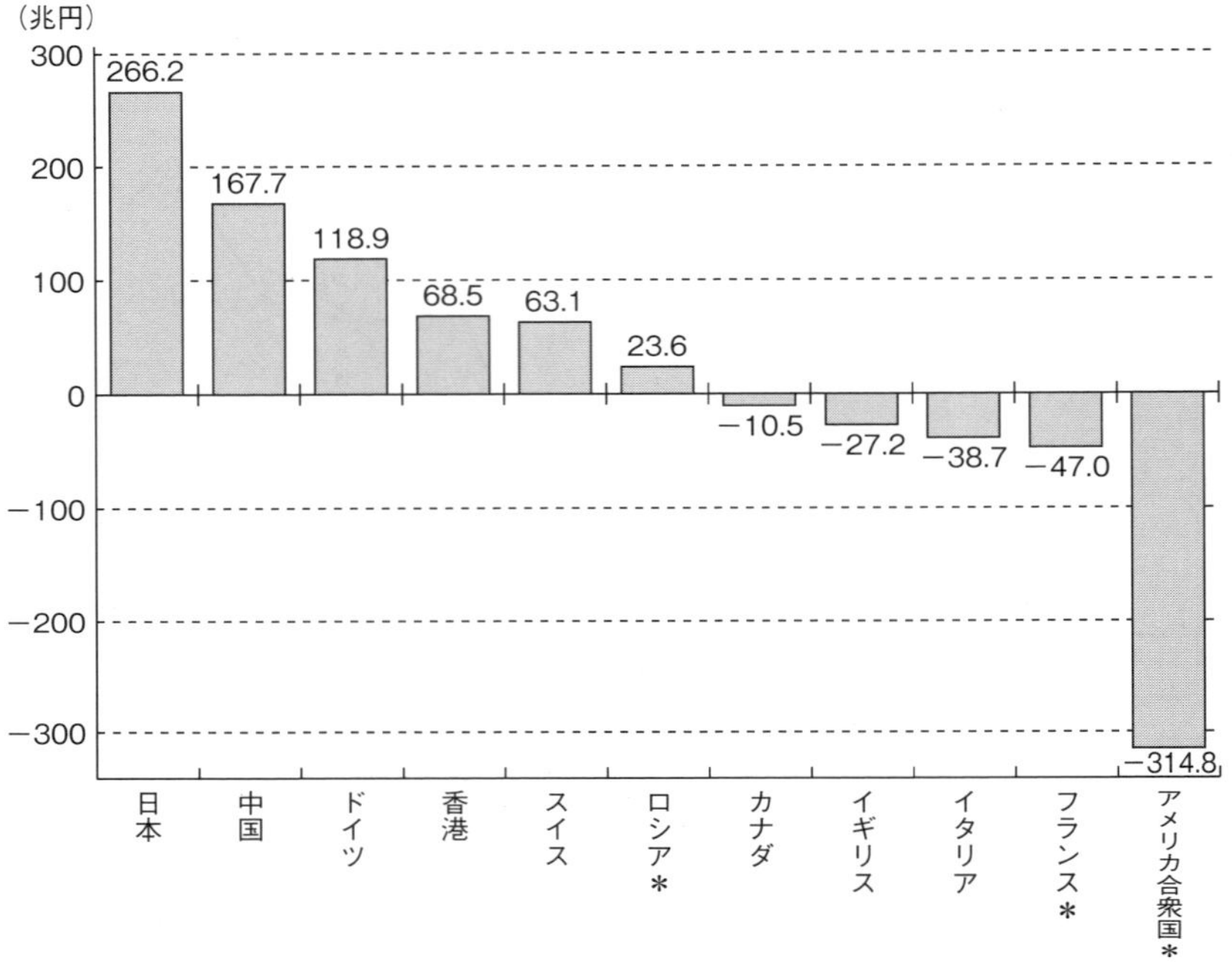

図4　2009年末における主要国の公的・民間を併せた対外純資産

＊が付いている国は2008年末のもの。日本以外の計数は各年末IFSレートで円換算した。
出典：財務省資料。http://www.mof.go.jp/houkoku/21_g3.pdf 参照。

不思議ではなかったのである。

結局のところ、米国経済がバブルに沸いたころには輸出主導で成長率は高まったものの、儲けは米国債に回され、リーマン・ショック以降は円高で輸出そのものが不可能になってしまった。「改革」や「国際競争力」という言葉が財界で飛び交っているが、それは自社だけは輸出で生き延びたいというに過ぎない。国策の次元では、米国債を買い支えることが隠された意図なのである。それをさらに言い換えたのが、TPP参加論の正体だろう。

自国通貨高を避けがたい日本にTPPは無力である

ところで日本が国策とした重商主義には、背景がある。「グローバル・インバランス」（国際的な経常収支不均衡）である。これはM．P．ドゥーリー他が論文で「新ブレトンウッズ体制（Bretton Woods II）」と呼んだもので、彼らはリーマン・ショック以前の世界経済を中心国、資本勘定地域、貿易勘定地域の3つに区分してとらえた。

中心国である米国は為替レートを管理せず、過剰な消費による経常収支の赤字を海外からの貯蓄で埋め合わせた。資本勘定地域に含まれるのは欧州、カナダ、オーストラリアなどで、為替レートの変動は許容し介入はおこなわず、資本投資の成果に注目する。対米投資残高が増加すれば、ドル建て資産の先行きに深い関心を示してもいた。

そして貿易勘定地域に属するのが、成長著しいアジア諸国である。中国、インド、韓国を含むこれらの国々は、米国への輸出およびそれにもとづく経済成長を最大の関心事としており、通貨政策面では米ドルとペッグするか、もしくは為替レートが大幅な変動にさらされたときには、自国通貨の増価（日本ならば円高）を回避するために市場への介入をも辞さない。TPP参加論は韓国脅威論に導かれたところが大きいが、韓国は比較的に「小国」（世界銀行によれば、2009年の名目GDP8325億ドル）であり、ウォン安が維持できている。実物的な競争力だけではない。金利差がなくても経常収支の黒字がさほど自国通貨高に直結せず「重商主義」が国策となりうるのは、この地域だけである。

この中で奇妙なのが、日本である。日本は「貿易勘定国」として振る舞っているのだ。米国は「中心国」であり、基軸通貨国であるから、過剰な消費で世界経済を牽引しえた。牽引されたのは途上国の輸出である。しかしそれら途上国もいったん先進国になると、自国通貨高を避けがたくなるため、重商主義はとりえなくなる。それにもかかわらずGDPが5・07兆ドルの「大国」日本がTPPによって輸出拡大を図ろうというのだ。そうした「重商主義」は、個々の企業の戦略ではありえても、国策にはなりえない。

成金の発想を排し、「自然な資本投下の順序」を回復して内需拡大を

ところで、こうした「重商主義」を経済思想史上で批判したのは、いうまでもなくA.スミスである。スミスは一般には自由貿易主義者・市場原理主義者とみなされ、自由な市場の資源配分機能を重視しつつ、規制によって市場に干渉する重商主義を批判したとされている。ところがスミスの『国富論』（1776年）にはもうひとつ、重商主義を批判するための別の論理がある。資本は国内の農業、製造業、商業の順に投下されるべきであり、それらが満たされた後に植民地へ投じられるべきだという、「自然な資本投下の順序」の論理である。余った資本は、人間社会が自然である限り国内から、それも第一次産業である農業から第二次産業の製造業、そして第3次産業の商業へと投下されるものであり、それでもなお余った分

だけが海外に投資されるべきものである。それにもかかわらず重商主義者は輸出で得た貴金属を海外、なかでも植民地に投資した。植民地への輸出や原材料に限った輸入が促進され、製造業は保護されたものの、国内農業は沈滞した。重商主義は「自然な資本投下の順序」に反している、自然に反するがゆえに批判されるべきだ、というのである。

日本の学説史家の多くは、スミスが自由主義者だという先入観から、資本の自由な移動と「自然な資本投下の順序」とは矛盾するとし、この説を『国富論』の瑕疵とみなした。しかし解説者が原著の意を汲み取らず、あまつさえ改竄して許されるものではない。

スミスは重商主義をやめれば、資本はおのずから国内の農業、次いで製造業や商業、そして最後に貿易へと用いられるはずだ、と主張する。これを現在の文脈でいえば、スミスは輸出や輸入といった貿易の均衡水準での拡大を是とみなす自由貿易主義者ではあったとしても、国策により「純輸出」を拡張しようとする重商主義については、自然に反する亡国の策だとして糾弾したのである。

アジアの途上国が「貿易勘定国」であるというのは、日本の経験に学んだ面がある。大正期の日本は、第一次大戦(1914~1918年)の特需によって、農業国からの飛躍を果たした。連合国の船がドイツの潜水艦Uボートに沈められるとイギリスは船の買い付けに躍起になり、日本はヨーロッパへ軍需品を中心に輸出、一方でヨーロッパからの供給がとだえたアジアへは綿製品を輸出した。それにより船成金、鉄成金などの「成金」が雨後の竹の子のごとく生まれたが、大戦バブルがはじけると欧州経済が復興、日本は1920年の「戦後恐慌」、22年の「銀行恐慌」、23年の「震災恐慌」に見舞われた。多くの成金は、この戦後恐慌で姿を消した。

しかし外需により成長したことで、変わったこともある。造船業や鉄鋼業、紡績業・電力業などで成金が起業したため、日本は本格的な工業国として目覚めた。重化学工業や水力発電で新たに投資が進み、労働は農業から第二次・三次産業へと移動、農村から都市への人口流出が始まった。現代へと続く市場のダイナミックな構造変動が定着したのである。アジアの途上国は、大正期におけるこうした日本の経験に学んでいる。

だが日本にとって不幸なのは、外需依存によって経済成長をめざすという成金の発想を、大正期以来変えることができなかったということだ。小泉構造改革にせよTPPにせよ、いまなお特需を米中に求める「成金思想」である。だが大正期ははるか過去であり、大きく異なる条件がある。日本は「大国」になった、ということだ。それゆえ大国である日本が輸出超過を続けても、いずれ円高を招いて輸出ができなくなるか、低金利政策ゆえに富を外国に投資するしかない。

大正期の成金は、固定相場制・金本位制下の小国に生きていた。しかしドルを基軸通貨とする変動相場制のもとでの大国である現在の日本は、別のやり方で沈滞を突破しなければならない。ＴＰＰを日本に持ちかけてきた米国は、「中心国」であることを捨て日本への輸出に活路を見出そうとしている。日本にとって必要なのは、ＴＰＰで重商主義の幻想をつなぐことではなく、「自然な資本投下の順序」を回復して内需を拡大することだろう。

問題は、多くの企業が「国際競争力」という言葉に惑わされ、価格競争力だけを上げる競争に巻き込まれていることだ。内需がなかなか得られないからといって価格競争の盛んな海外市場に活路を見出そうとしても、輸入と見合った額までしか得られない。それを超えて輸出することが是であるかに言うのは、価格以外の付加価値をいかに上げるかという本来の競争からの離脱を正当化するという間違いを犯している。

付加価値競争とは価格を下げず価値を上げることであり、高くても喜んで支払ってもらえるファンをつかむことである。一例挙げれば、クロネコヤマトの宅急便は、顧客の家を現場の配送者がよく覚えていて一日に複数回でも訪ねてきてくれるし、クール便やゴルフ・スキー便等、新規サービスの開発を常におこなっている。郵便局の「ゆうパック」との差は歴然としており、必ずしも業界最安値ではなくとも、顧客満足度は抜群に高い。

経営コンサルタントの村尾隆介氏も述べているが（『安売りしない会社はどこで努力しているか』大和書房、２０１０）、価格競争に巻き込まれると、多くの企業にとっては売り上げがあっても利益が出ず、リピーターが減り、客とも価格で争うようになって理不尽なクレームを受けるようになり、広告も値段しか覚えてもらえなくなって、仕事が増える割にはアイデアが出ず、組織づくりさえできないという悪循環に陥ることが多い。コム・デ・ギャルソンを率いる川久保玲氏が、「いい物は高い、格安３ケタジーンズはありえない」と強調してジーンズの価格破壊を強く批判したのも、価格競争に安易にのめり込むことで真っ当な付加価値競争から日本経済が逃げるのを懸念してのことだろう。

「ＴＰＰで競争力」というのも、付加価値競争からの逃避を勧めるにすぎないのである。

（まつばら　りゅういちろう）

誠実な経済学者であるならば、TPPに反対しなければならない

京都大学大学院工学研究科助教　中野剛志

TPPは自由貿易の理論に反している

TPP（環太平洋経済連携協定）への参加に最も反対すべきは、経済学者である。

このように言うと、奇異に聞こえるかもしれない。なぜなら、TPPは自由貿易を推進する協定とされているが、主流派の経済学においては、自由貿易が好ましいということは、経済学の開祖アダム・スミス以来、最も基本的な命題のひとつと考えられているからである。実際、TPPへの参加を支持する論者には、経済学者が多く含まれている。

では、経済学の教科書には、自由貿易が望ましいという根拠について、どのように書かれているのであろうか。

経済学において、自由貿易が望ましいとする代表的な理論的根拠は、比較優位論である。比較優位論とは、二国が、相対的に得意とする分野に特化した上で自由貿易をおこなうことで、両国とも貿易の利益が得られるという理論である。自由貿易は貿易をする国双方にとって互恵的なものであり、それゆえ、望ましいということである。これに対して、関税など貿易を制限する政策は、比較優位の原理が示す貿易の互恵的な利益を損なうものであるゆえ、望ましくないものとされている。

こうした自由貿易のメリットを説明する比較優位論のうち最も基本的な定理とされるのは、「ヘクシャー＝オリーンの定理」（注）である。

ところが、実は、この「ヘクシャー＝オリーンの定理」は、次のような極めて非現実的な仮定に基づいているのである。

①世界には、二国、二財、二つの生産要素（資本と労

働）のみが存在する。

②生産は、規模に関して収穫不変（生産要素の投入量をｎ倍にしたとき生産量もｎ倍になること）が成立している。

③生産要素は完全雇用されている。

④生産要素は国内の産業間を自由に移動でき、そのための調整費用もかからないが、国と国との間の国際的な移動はしない。

⑤国内市場では生産物市場、生産要素市場ともに完全競争が行われている。また、国際貿易の運送費用はゼロである。

⑥両国で資源の相対的な賦存度は異なっている。

⑦両国における各個人の効用関数は、同じである。

経済学における比較優位論は、このような条件が満たされていなければ成り立たないのである。逆に言えば、これらの条件が欠ければ、自由貿易が貿易をおこなう国双方にとって、互恵的な利益の増大をもたらすとは言えなくなるということである。

幾重にも重なる非現実的な前提

現実の経済は、こうした前提条件をほとんど満たしていないのは明らかであろう。世界には二国、二財、二つの生産要素しか存在しないとか、国際貿易の運送費用がゼロであるとかいった前提は、百歩譲って、モデルのために簡略化したものとして許容するとしても、その他にも厳しい前提条件が多すぎる。しかも、それらの条件は、ＴＰＰへの参加の意義を考える上で、決定的に重要なものばかりである。

例えば、②の「生産は規模に関して収穫不変」という前提がある。しかし、ＴＰＰに関して、日本が輸出することが想定されている工業製品には、規模に関して収穫が一定ではなく、むしろ逓増するものが多いが、日本が輸入すると想定されている農産品の生産は、逆に収穫が逓減するのである。

④の生産要素の移動に関する仮定も、相当に問題だろう。生産要素は国内の産業間を自由にかつ調整費用なく移動できるとあるが、これは例えば、日本がＴＰＰに参加しても、それによって失業した農業従事者がすぐに自動車産業やソフトウェア産業など他の産業で職を見つけることができるということである。現実には、そのようなことがあり得ないことは明らかであろう。しかし、ＴＰＰへの参加の是非を考えるに当たっては、ＴＰＰへの参加によって生じるであろう失業者をどのようにして救済するかは、経済政策上、極めて優先順位の高い問題である。だというのに、経済学の比較優位論は、この問題に対してまったく無力なのである。

生産要素は国と国との間の国際的な移動はしないという④の後段の前提も、極めて非現実的である。このグローバル化の時代に、資本が国境を越えて移動しないことなど、あり得ないであろう。言い換えれば、グローバル化という現象は、貿易国間に互恵的な利益をもたらすとされる自由貿易理論の前提を掘り崩すものだということである。主流派経済学の貿易理論は、実は「グローバル化の時代だから貿易自由化が必要だ」という世間一般の通念に反するものだとすら言える。

しかも、日本の場合、農業に関しては国際的な移動はほとんどあり得ないが、製造業に関しては海外現地生産が著しく進んでいる。日本の産業界は、国際的な生産要素の移動を進めて、比較優位論の前提のひとつを自ら破壊しておきながら、自由貿易の推進に賛同しているというわけである。

⑦の「両国における各個人の効用関数は同じ」というのも、あり得ない前提である。アメリカ人とマレーシア人と日本人で、同じものを食べて、同じように感ずるはずがない。

最も問題なのは、③の完全雇用の前提である。なぜなら、世界的な大不況で、どの国も完全雇用を達成しておらず、とくにアメリカは9％以上の深刻な失業率に悩んでいる。もっと言えば、失業問題に苦しむアメリカは、ＴＰＰを雇用創出の手段として考えているのである。

ほかならぬオバマ大統領自身が、そう言っている。２０１０年11月、ＡＰＥＣ横浜会合のために来日したオバマは、次のように述べている。

「それが、今週アジアを訪れた理由の大きな部分だ。この地域で、輸出を増やすことにアメリカは大きな機会を見出している。……国外に10億ドル（約８２５億円）輸出するたびに、国内に５０００人の職が維持される。……巨額の貿易黒字がある国は輸出への不健全な依存をやめ、内需拡大策をとるべきだ。いかなる国も、アメリカに輸出さえすれば経済的に繁栄できると考えるべきではない」

アメリカは、ＴＰＰによって自国の雇用を増やそうとしているのである。これは、完全雇用を前提とし、貿易国間の互恵的な利益を増大するとされる自由貿易の比較優位論に反する考え方である。従って、主流派経済学の自由貿易理論に忠実な経済学者は、このオバマ大統領の発言を厳しく批判すべきなのである。

自由市場とはほど遠い国際関係の現実

他にも、ＴＰＰをめぐる国際経済関係の現実は、経済学が想定する国際自由市場とはかけ離れている面が多い。

例えば、自由貿易において市場メカニズムが働くためには、為替が実体経済を反映して変動する必要がある。しかし、実際の為替相場は、財の市場だけではなく金融市場の影響も受け、かつ非合理的な市場心理や投機マネーによっても変動する。しかも、現下の世界不況で、通貨安競争とも言うべき事態が発生しており、アメリカも明らかにドル安を志向している。このように、為替相場が実体経済から大きく乖離して変動してしまうのであれば、市場メカニズムが資源配分の最適化をはかることはできなくなってしまう。

さらにアメリカは、自国の農業に巨額の補助金を投じて保護し、ＷＴＯの規則を無視し輸出補助金まで与えている。このため、アメリカとの農産品の貿易は、少なくとも経済学的な意味において「フェア」ではない。

このように、アメリカとの貿易市場は、経済学者が好む表現を用いていえば、為替と農業補助金によって「歪められている」のである。だから、ＴＰＰに参加することで関税障壁や非関税障壁を撤廃しさえすれば、自由貿易市場が成立するというのは、まったくの誤りである。

従って、主流派経済学の貿易理論に忠実な経済学者であるならば、最低でも「アメリカがドル安・低金利政策をやめ、農業補助金を全廃することを、日本のＴＰＰ参加にあたっての必須の条件とすべきである」と主張すべきなのである。もし、市場が為替と補助金によって歪められ、それを是正することが政治的には困難だというのであれば、少なくとも経済理論的には、歪められた市場を関税によって矯正するという「セカンド・ベスト（次善）」の政策が正当化され得る、ということすら言えるだろう。

以上の議論に加えて、宇沢弘文が指摘するように、農業には「社会的共通資本」としての側面が色濃くあることにも注意しなければならない。宇沢によれば「社会的共通資本」とは「一つの国ないし特定の地域に住むすべての人々が、ゆたかな経済生活を営み、すぐれた文化を展開し、人間的に魅力ある社会を持続的、安定的に維持することを可能にするような自然環境や社会的装置」を意味するものとされる（宇沢「ＴＰＰは社会的共通資本を破壊する」『ＴＰＰ反対の大義』２０１０年、農文協、所収）。

宇沢はこのような社会的共通資本として農村を位置づけているが、社会的共通資本は、主流派経済学の理論的概念を用いていえば、いわゆる外部効果を働かせる公共財であり、市場による効率的な資源配分が不可能なものとされているのである。従って、農業を自由市場にさらすことは、経済学的にいっても、正当化し得ない。

このように、主流派経済学の自由貿易理論のロジックを厳密に用いると、ＴＰＰは、まったく正当化できないものとなるのである。従って、経済学者は、ＴＰＰへの日本の参加には反対しなければならない。なぜなら、ＴＰＰが規定する国際経済関係は、経済学的な意味において、まったく自由貿易ではないからである。ＴＰＰへの日本の参加に賛同する経済学者たちは、主流派経済学を真面目に勉強してこなかったか、あるいは主流派経済学をまったく信じていないかのいずれかだということである。

もっとも、誤解のないよう念のため付言すれば、筆者は、TPPへの日本の参加には反対であるが、その理由は、経済学が教える自由貿易理論に反するからではない。筆者は、主流派経済学の比較優位論をまったく信じてはいない。なぜなら、それはあまりに非現実的な前提の上に成り立っている机上の空論だからである。

ただし、主流派経済学を学ぶことに意義がまったくないわけではない。かつてジョーン・ロビンソンは、皮肉を込めてこう言った。

「経済学を学ぶ理由は、経済学者に騙されないためだ」

TPPへの参加を促す経済学者に騙されないためには、あるいは、まともな経済学者とそうでない経済学者を見分けるためには、経済学を学んでおくことも確かに有意義なのである。

TPPはアメリカによる近隣窮乏化政策である

輸出主導の成長戦略とは、不況を強めた1930年代の再版帝国主義である

経済学は自由貿易を互恵的だと教えるが、TPPを推進するアメリカは、TPP参加国の互恵的な利益の増進など、まったくといっていいほど考えていない。それは、2011年のオバマ大統領の一般教書演説を聞けばわかる。

まず、オバマは、演説の中で「自由貿易」という言葉をまったく使っていないのである。その上で、貿易政策については、次のように述べている。

「企業がもっと海外に製品を売るのを助けるため、我々は2014年までに輸出を2倍にする目標を設定している。なぜなら、我々がより多く輸出すれば、この国でもっと雇用を生み出せるからだ。すでに我々の輸出は増えている。最近、我々は、インドと中国との合意に署名したが、それは合衆国の25万人以上の雇用を支えることだろう。そして先月、我々は韓国との貿易協定に合意したが、それは少なくとも7万人のアメリカ人の雇用を支えるだろう。この協定は、産業界と労働者、民主党と共和党から前例のない支持を得ている。そして私は、議会に対し、これを可及的速やかに通すことを要請する。

私は就任前、貿易協定を強化すること、そして、アメリカの労働者を裏切らず、アメリカの雇用を促進するような協定にのみ署名することを明言した。それこそが韓国との協定であり、パナマやコロンビアとの協定交渉やアジア太平洋、そしてグローバルな貿易交渉の継続のなかで私がやろうとしていることである」

ここからわかるように、オバマ大統領が貿易政策に関して一貫して強調しているのは、輸出の促進による雇用の拡大である。外国への輸出を拡大して、自国の雇用を増やすということは、裏を返せば、外国の雇用を奪うということにほかならない。これは、いわゆる「近隣窮乏化政策」である。

不況期においては、各国は利己的になり、自国の市場を保護しようとすることは、よく指摘される。しかし、利己的な貿易政策とは、関税の引き上げにとどまらない。為替の切り下げや補助金などによる輸出の促進もまた、外国の雇用を犠牲にして自国の雇用を増やす利己的な近隣窮乏化政策である。オバマ大統領が一般教書演説で表明したのは、アメリカが1930年代の世界恐慌時と同様に、TPPを通じて近隣窮乏化政策をとるつもりだということなのである。

かつての世界恐慌時において、利己主義的になった各国が採用した政策は、関税の引き上げだけではない。輸出促進による近隣窮乏化政策も採用されたのである。むしろ、世界恐慌の悪化は、関税引き上げの影響によるものではないことは、複数の有力な研究によって示されている。例えば、ルディガー・ドーンブッシュとスタンリー・フィッシャーは、1929年と1931年の2年間の景気後退の要因を分析した結果、保護関税による要因は小さなものであったと推計している。バリー・アイケングリーンは、1929年のアメリカの保護関税がアメリカ経済にもたらした効果は、保護貿易の連鎖による世界貿易の縮小を考慮したとしても、プラスであったとすら推計しているのである。

1930年代の世界恐慌時において各国は、為替の切り下げ、あるいは経済のブロック化や侵略など帝国主義的な政策によって、輸出市場を獲得しようと走ったが、これは現在の状況と酷似している。リーマン・ショック後、アメリカはもちろん、日本もドイツも中国など新興国も、輸出主導の成長戦略を打ち出し、不況脱出を図ろうとしている。これは、不況で縮小した世界の需要をなりふりかまわず奪い取ろうという帝国主義的な政策であり、他国の雇用を犠牲にして自国の雇用を増やそうという近隣窮乏化政策である。

アメリカにとってTPPとは、この近隣窮乏化政策の一環にほかならない。それは、1930年代の帝国主義的なブロック経済化の現代版である。

TPPで成長は取り込めない

このようにTPPは、実は、経済学が理想とする互恵的な自由貿易を実現するものどころか、それとはまったく対極にある政策なのである。

とくに日本でTPPに賛成する論者たちには、TPPによって「アジア太平洋の成長を取り込む」などと言う者が多い。「成長を取り込む」といえば口当たりはいいが、要は、アジア太平洋諸国に輸出して自国の雇用を増やそうという帝国主義的な近隣窮乏化政策を言い換えたものに過ぎない。

しかも、彼らの議論が致命的に問題なのは、TPPに参加しても、アジア太平洋諸国の市場を獲得することなどできないことに気づいていない点だ。

現在、TPP交渉に参加している9カ国に日本を加え、これら10カ国のGDPのシェアを計算してみると、アメリカが約70％を占め、次いで日本が約20％、そしてオーストラリアが約5％、残り7カ国を合わせて5％という結果になる。つまり、日米で90％以上を占めるのである。しかも、日米以外の国は外需依存度が高く、小さな国内市場しかもたない。そして、アメリカは、オバマ大統領が宣言しているように、輸出を増やすつもりはあっても、輸入を増やすつもりはない。それだけでなく、TPPでアメリカが輸出によって雇用を奪おうとしている最も有力な市場は、日本なのである。

要するに、TPPは、自由貿易によって、各国の経済連携と互恵的な利益を確保するものではない。その反対に、アメリカによる近隣窮乏化政策を首尾良くすすめるための格好の装置なのである。

内需拡大こそあるべき環太平洋経済連携だ

では、この世界不況下において、各国の互恵的な関係を構築するためには、輸出主導戦略に代えて、どのような政策を採るべきであろうか。1930年代に、その政策を提示したのが、実は、ジョン・メイナード・ケインズであった。

ケインズは『雇用・利子および貨幣の一般理論』（1936年）の最終章において、各国の市場獲得競争と人口増大こそが、戦争の経済的原因であると指摘した上で、次のように述べた。

「しかし、もし諸国民が国内政策によって完全雇用を実現できるようになるならば（その上、もし彼らが人口趨勢においても均衡を達成することができるならば―と付け加えなければならない）、一国の利益が隣国の不利益になると考えられるような重要な経済諸力は必ずしも存在しないのである」

かつては、国内の失業問題を克服する手段は海外市場の獲得しかなかった。このため、世界不況は、各国の市場獲得競争を激化させ、戦争すら引き起こした。しかし、財政金融政策によって内需を拡大し、国内の雇用を増やすことができれば、そのような戦争の経済的原因は解消される。

つまり、世界不況時において、海外市場の獲得競争に乗り出すのではなく、内需主導の成長を目指すことこそ、互恵的であり、平和的ですらあるとケインズは主張しているのである。

確かに、日本において外需獲得を主張する論者たちの多くは、内需拡大は困難だという前提を置いている。彼らが内需拡大を困難と考える理由は、第一に、人口減少・少子高齢化による需要の縮小であり、第二に、財政危機による需要刺激策の限界である。

しかし、第一点目の人口に関していえば、日本は、ケインズの時代に各国が直面していた人口増大と逆に、人口が減少しているのだから、（失業を解消するために）海外市場獲得競争に乗り出さなければならないような状況ではないはずである。

もちろん、人口減少で国内の需要は縮小するだろう。しかし、人口減少で縮小するのは、需要だけではない。供給力も縮小する。人間とは、消費者であると同時に生産者＝労働者でもある。人間の数が減ることだけで、消費者は減るが労働者は減らない、ということはない。

さらに、少子高齢化は、若年労働者を相対的に減らし、労働をしない高齢の消費者を相対的に増やすのであるから、全体としては、需要過多、供給不足をもたらすはずである。すなわち、国内の需要を満たす供給力が不足しこそすれ、海外の需要を獲得しなければならないという事態にはならないはずなのである。従って、人口減少・少子高齢化だから、外需を獲得しなければならないという考え方は間違っているのである。

第二点目の財政危機説も誤りである。というのも、日本は、国債をすべて自国通貨建てで発行し、かつその保有者はほぼ日本人で占められている上、経常収支黒字国である。そのような国が財政破綻することは考えにくく、過去にもそのような例はない。

財政危機を心配する論者は、財政赤字の拡大による金利の上昇を懸念する。しかし、この十年間、政府債務は累積の一途をたどっているが、長期金利は世界最低水準で推移し続けている。デフレで資金需要がないため、金利の急激な上昇を心配する必要がないのである。しかも、金利の上昇とは、民間に資金需要が発生したという証拠であり、いわばデフレ脱却の兆候である。十年以上もデフレにある日本は、金利上昇を心配するよりも、むしろデフレを脱却して金利が上がるまで、公共投資を拡大すべきであろう。

どうしても金利上昇が心配なら、日本銀行が国債を購入すればよい。そうすれば、国債の買い手がなくなって困ることもなく、金利も上昇しない。日銀の国債買い取りによるハイパーインフレを懸念する論者が多いが、戦争など極端な非常事態にごくまれにしか起きないハイパーインフレを、デフレにある日本が懸念するのは杞憂に過ぎる。そもそも、日銀が、ハイパーインフレになるほど巨額の国債を買えと言っているわけではなく、デフレを脱却する程度に買えばよいだけの話である。

従って、この世界不況において、日本が採るべき政策は、輸出の拡大を目指すのではなく、財政赤字の負担を増やしてでも財政を出動し、内需を拡大することである。とりわけ公共投資を講ずべき喫緊の分野としては、老朽化対策が挙げられる。日本の道路、港湾、橋梁、下水道などのインフラは、高度経済成長期に整備されたものが多いが、これらが2000年代以降、一斉に更新時期に入っている。それにもかかわらず、これらの更新や高度化は、近年の公共事業不要論によって放置され、わが国のインフラは極めて危険な状況にある。インフラの老朽化対策は、安全対策上不可欠であるのは言うまでもなく、膨大な潜在需要でもある。インフラの保守・更新という国家の当然の責務を遂行するだけで、わが国の需要は大いに刺激されることだろう（以上の財政と内需拡大については本書所収の松原隆一郎氏や三橋貴明氏の論考も参照されたい）。

かくして日本が成長して内需が増えれば、輸入も増える。そうすれば、外需依存度の高い環太平洋諸国は日本への輸出の恩恵を受ける。日本と環太平洋諸国との互恵的な経済関係が成立する。これが、本来あるべき環太平洋経済連携の姿ではないか。

財政赤字の拡大を嫌がって内需を拡大せず、TPPによってアジア太平洋の成長を取り込もうというTPP賛成論こそが、世界不況時には絶対に避けるべき利己的・攻撃的な近隣窮乏化政策にほかならない。TPPの拒否が利己的なのではない。TPPへの参加こそが利己的なのである。

しかも、TPPは、アメリカによる利己的な近隣窮乏化政策の装置なのである。日本がTPPに参加すれば、アジア市場を奪おうなどという利己的なもくろみが外れるだけでなく、アメリカから雇用を奪われるだけに終わる。

そもそも、経済学者が自由貿易を支持してきたのは、それが互恵的な国際経済関係という理想を実現するものと信じてきたからではなかったか。しかし、これまで見てきたようにTPPは、その互恵的な自由貿易という理想に真っ向から反するものである。そうであるなら、TPPへの参加に反対することこそが、経済学者の学者としての誠意というものではないだろうか。

（注）スウェーデンの経済学者エリ・ヘクシャーとベルティル・オリーンがD・リカードの比較優位論を発展させて構築した理論で、国際経済学における、自由貿易を論拠づける最も基本的な定理の1つとされている。オリーンは、この功績により、1977年にアルフレッド・ノーベル記念経済学スウェーデン国立銀行賞を受賞した。

（なかの　たけし）

ＴＰＰより急務は国債増発による内需拡大とデフレ脱却だ

作家・中小企業診断士　三橋貴明

まかり通るアンフェアな議論
――前提となる対ＧＤＰ比の正確な把握を

２０１０年10月19日、前原誠司外務大臣（当時）は、以下のような発言をしている。

「日本の国内総生産（ＧＤＰ）における第１次産業の割合は１・５％だ。１・５％を守るために98・５％のかなりの部分が犠牲になっているのではないか」

この発言を聞いたとき、筆者は怒るよりも先に、呆れてしまった。理由は、農業の立場に立ってのことではない。むろん、農業は国の根幹であり、ＧＤＰ何％といった数字で論じていい性質の産業ではない。とはいえ、筆者が前原氏の発言に呆れてしまったのは、農業の重要性とは全く異なる観点からである。

そもそも、多くの日本国民が誤解しているように思えるのだが、日本は別に輸出依存国ではない。日本の輸出依存度（＝財の輸出額÷名目ＧＤＰ）はドル換算で約11・５％（２００９年）にすぎないのだ（図１）。ちなみに、主要国のなかで、日本よりも輸出依存度が低いのは、アメリカとブラジルのみである。

加えて、日本の輸出の主力は、自動車や家電等の「耐久消費財」ではない。一般消費者ではなく、企業が購入する「資本財」こそが日本の輸出の主力なのである。09年時点で、日本の輸出総額に占める資本財の割合は、51・８％にも達している。それに対し家電や自動車などの耐久消費財は、14・２％を占めるにすぎないのだ。日本の輸出依存度は11・５％とそもそも低い。その「少ない輸出」のなかにおいて耐久消費財はわずかに14・２％なのである。すなわ

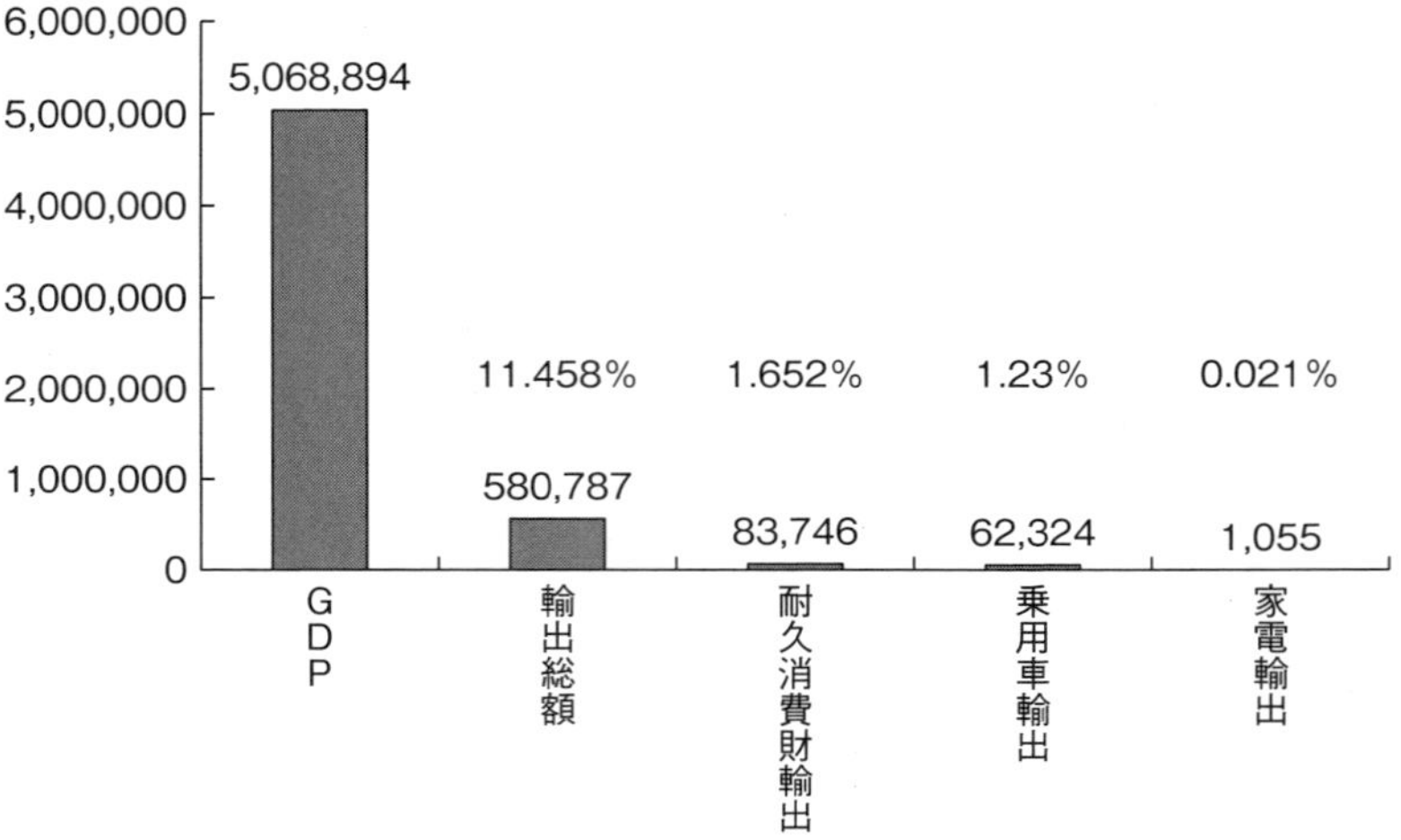

図1　2009年　日本のGDPと輸出額（単位：百万ドル）

出典：IMF（GDP）、JETRO（各輸出金額）。
※%は、各輸出額がGDPと比べてどのくらいの割合かを示した数値。

ち、耐久消費財の輸出が日本のGDPに占める割合はわずか1・6%強でしかないのだ。

ちなみに、自動車の輸出は対GDP比で1・23%であり、家電に比べると確かに多い。自動車とは、もちろん耐久消費財の一種である。日本の耐久消費財の輸出の対GDP比率が、前述のとおり1・6%強である。自動車輸出は、日本の耐久消費財輸出の約74%を占めていることになる。それに対し、テレビ等の家電の輸出は、対GDP比でわずかに0・021%にすぎない。何と、日本の家電の輸出は、GDPの0・1%にも満たないのである。

お分かりだと思うが、筆者は別に「日本の耐久消費財の輸出はGDPの1・6%程度でしかないので、TPPに参加するべきではない」などと主張したいわけではない。TPPで不利益が生じる農業など一次産業の対GDP比が「1・5%にすぎない」というのであれば、利益を得るという耐久消費財輸出の対GDP比も示さなければ、アンフェアであると言いたいだけだ。

日本の「輸出」の苦戦は関税ではなく韓国ウォン安が原因

しかも、耐久消費財の輸出が「利益を得る」とはいっても、日本がTPPに参加したところで、耐久消費財メーカーの問題解決にはならない可能性は極めて高い。なぜならば、そもそも日本の家電や自動車メーカーが、アメリカの個人消費という「世界最大の市場」で苦戦している理由は、別にアメリカの関税ではないからだ。

日本の家電、自動車メーカーが「どこの国の企業」との競合に苦戦しているのかといえば、ずばり韓国企業である。すなわち、サムスン電子や現代自動車など、韓国の耐久消費財メーカーとの競争に勝てなくなっていることこそが、日本の大手輸出企業がＴＰＰを求める最大の要因なのである。

しかし、日本企業がアメリカにおいて韓国企業に勝てなくなっているのは、別に日本製品の品質が下がったためでも何でもない。単純に、韓国企業が「超ウォン安」の恩恵を受けているためである。何しろ、２００８年の経済危機により、韓国ウォンはピーク時の1円＝7ウォンから、一時は1円＝16ウォンにまで下落したのだ。韓国ウォンは、一時的に対日本円で半分以下の価値に落ち込んだというわけである。現在に至っても、韓国ウォンは対日本円で安めに推移しており、1円＝13ウォン水準というウォン安が継続している。

すなわち、韓国企業は日本企業に対し、常時、半額セールを仕掛けられるほどの輸出競争力を得たのである。ドル建ての韓国企業の利益も、ウォン建てで2倍近くにまで拡大する。韓国企業の対日系企業に対する競争力が高まっても、至極当然だ。

この状況で、日本がＴＰＰに参加し、アメリカ市場における関税を撤廃してもらっても、ほとんどアドバンテージを得ることはない。何しろ、アメリカ市場における家電製品に対する関税は5％、乗用車はわずかに2・5％にすぎないのだ。高々5％の関税がなくなったところで、ウォンが対円で5％価値を切り下げれば、元の木阿弥である。韓国ウォンは変動が大きい通貨であり、かつ韓国政府が通貨高防止の為替介入をしている可能性が極めて高い。日本がＴＰＰに参加し、直後に韓国ウォンが5％切り下がると、冗談抜きで「全く無意味」になってしまうのだ。

実質金利の低下とデフレギャップ解消こそ急務

そもそも、家電や自動車などの日本企業に対する適切なソリューション（解決策）は、ＴＰＰなどではないのである。ついでに言うと「グローバル戦略」とやらでもない。

現在の日本の耐久消費財メーカーがアメリカ市場ばかり見ているのは、国内では稼げないためだ。なぜ日本の耐久消費財メーカーが国内で稼げないのかといえば、もちろんデフレのためである。デフレ環境下では、同じ製品を同じ数量販売したとしても、売上高が減少してしまう。企業にとって、これほど過酷な環境はない。

また、日本の大手輸出企業を苦しめ、日系耐久消費財メーカーが韓国企業に勝てなくなっている最大の理由は円高であるが、実はこれもデフレが原因なのである。デフレ下では、確かに名目金利は低下する。だが、デフレ下ではこの先もまだ物価は下がるだろうという心理が働き、結果、期待インフレ率がマイナスになるため、実質金利は高まってしまう（実質金利＝名目金利－期待インフレ率）。現在は、欧米諸国もこぞって超低金利政策を採用しているが、（まだ）日本のようなデフレではない。すなわち、期待インフレ率がプラスなのだ。結果、実質金利を比較すると、日本の方がかえって高くなってしまい、日本円が買われやすい環境が続いているわけである。

要するに、日本がデフレを脱却すれば、実質金利は低下、円高は抑制ないし反転し、耐久消費財メーカーなどが、アメリカ市場に擦り寄る必要もなくなるわけだ。かつ、円が安値方向に触れ、輸出競争力も高まることになる。

そして、日本がデフレから脱却するためには、日本経済の供給能力（潜在ＧＤＰ）と需要（現実のＧＤＰ）との乖離、すなわちデフレギャップが埋まるまで、政府が公共投資などの財政出動と日銀の金融緩和をセットで実行すればいい。ただ、それだけの話なのだ。

自国通貨建て国債を自国で消化している日本に、財政破綻はありえない

こういうことを書くと、すかさず「そんなことしたら、国の借金が増えて政府が財政破綻する！」などと言い出す人がいるが、無知も甚だしい。政府の負債が「対外債務」かつ外貨建て（あるいはユーロのような共通通貨建て）のギリシャやアイルランドならばともかく、日本政府が財政破綻することは「できない」。なぜならば、日本政府の負債（いわゆる国の借金）の95％は国内の金融機関などが購入しており、かつ外国人保有分の残り５％を含め、１００％が日本円建てであるためだ。

財務省やマスコミが「国の借金！」「国民１人当たり○百万円の借金！」などと煽っている「政府の負債」とは、別に国民の借金でもなければ、日本「国家」の借金でもない。単純に日本の「政府の負債」である。図２は２０１０年９月末時点の「日本国家全体のバランスシート」をグラフ化したものだ。借方（左側）に資産が、貸方（右側）に負債および純資産が計上されている。

そもそも「国の借金！　国の借金！」とマスコミは繰り返しているが、日本政府の負債の「債権者」が誰か、知っているのだろうか。例えば、政府の負債として計上されている１００１・８兆円が、ギリシャなどのように「外貨建

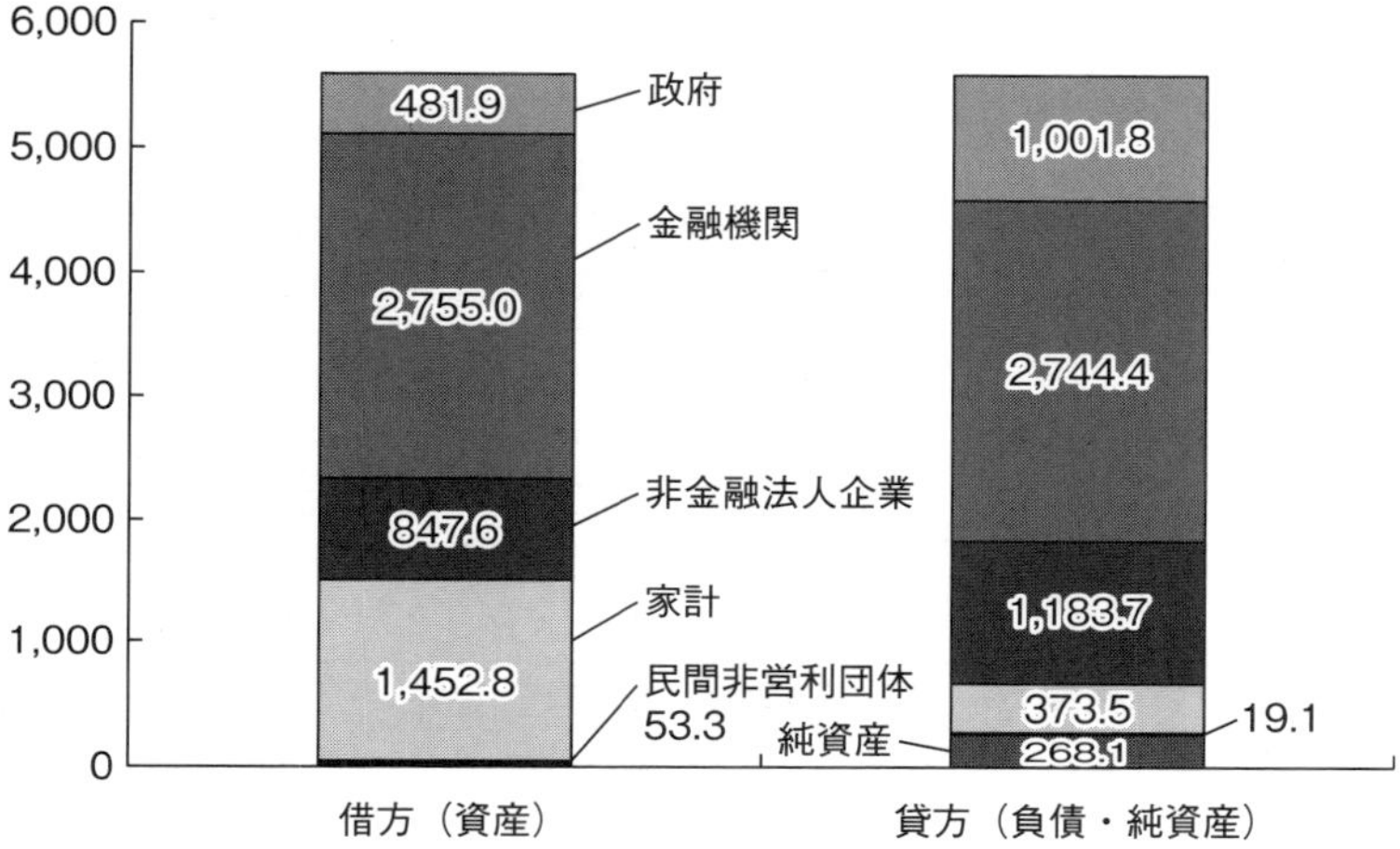

図2　2010年9月末時点　日本「国家全体」のバランスシート（単位：兆円）

出典：日本銀行「資金循環統計」。
※上記は金融資産のみで、土地や生産資産等の非金融資産は含まれていない。また「政府」には地方自治体が含まれている。

ての対外負債」であるならば、日本政府はとっくに財政破綻しているだろう。

先述のとおり、日本政府の負債の債権者の95%は、日本の銀行や生命保険などの金融機関（およびその他の事業法人や家計）である。とはいえ、銀行などの金融機関は、別に自己資金で国債を購入しているわけではない。銀行預金など、われわれ日本国民が預けた（正しくは「貸した」）お金の運用先として、国債を購入しているのだ。銀行にとって「銀行預金」とは預金者からの借金（負債）であり、資産ではない。銀行預金が資産なのは、あくまで預金者側（企業や家計）にとってである。

話を整理すると、政府の負債（財務省式に言うと「国の借金」）の直接的な債権者は、銀行などの国内金融機関である。ところが、銀行が国債を買うというかたちで「政府に貸し付けたお金」は、元々はわれわれ日本国民が銀行に「貸した金」なのである。すなわち、政府の負債の最終的な「債権者」は、日本国民ということになる。要するに日本という国の中で国民と政府がお金を貸し借りしているだけで、外国の世話になっているわけではないのだ。ＩＭＦの管理下に入るなどあり得ないのである。

現在、デフレの深刻化により、銀行は預金の「運用先」に困っている。民間企業が銀行からお金を借りてくれないのだ。それにもかかわらず、家計や一般企業からの預金

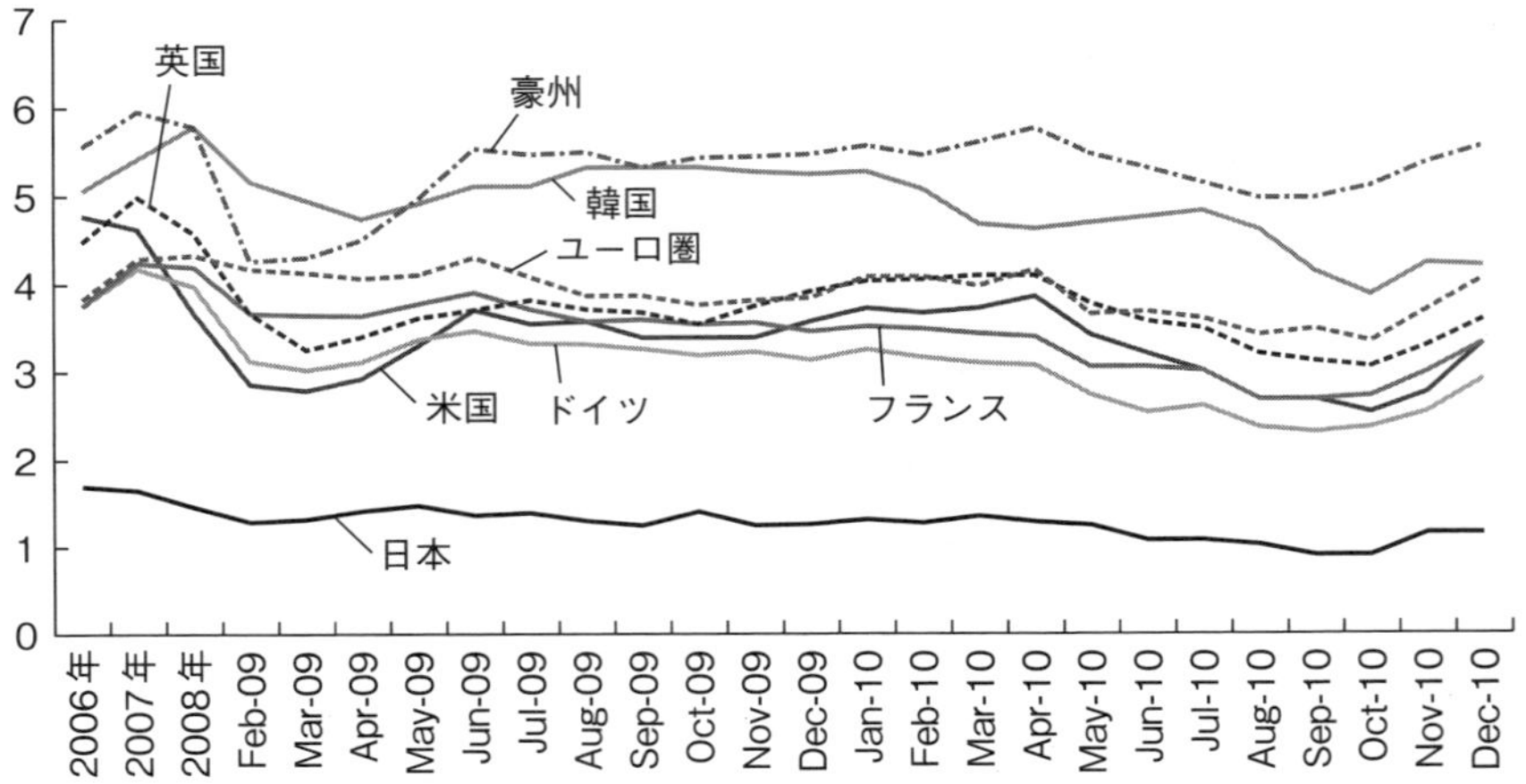

図3　2006年～2010年12月　主要国の長期金利（単位：%）

出典：外務省。

は、銀行に流れ込んでくる。微々たるものとはいえ、銀行は預金に対し金利を支払わなければならない。しかし、家計や企業などから「借りた」預金の運用先はない。

だからこそ、銀行などの国内金融機関は、こぞって国債を購入しているのである。結果、日本の長期金利（新規発行10年物国債金利）は、諸外国と比べて極端に低い水準で推移している（図3）。

現在、日本政府が発行する国債金利は、つねに「世界最低」をさすらっている。すなわち、現時点の日本政府は、世界で「最も低い資金コスト」で資金調達が可能な組織ということになる。日本の国債金利が世界最低なのは、何も「政府の信用が高い」などの定性的な話ではない。銀行などの金融機関に、「運用先が見つからないお金」すなわち過剰貯蓄が溢れているためだ。日本経済の問題は、デフレの深刻化により民間（企業や家計）の借り入れ意欲、あるいは投資意欲が失われてしまっていることなのだ。決して「財政問題」や「国の借金問題」などではないのである。

最近、アメリカの格付け会社が日本国債を格下げする動きが出ている。そもそも、格付け会社は日本政府が格付けを依頼しているわけではないにもかかわらず、勝手に格付けをしているのだ。格付け会社が日本国債を格下げしようとも、相変わらず金利は低いままだ。国内で9割以上の国債を消化している日本にとって、格付け会社の格下げなど、まさしく無意味というのが真実なのである。

そもそも、国家全体で見れば、先の図2でわかるように日本はバランスシートの資産（借方）額のほうが、負債（貸方）額よりも268・1兆円も大きい。すなわち、純資産（＝対外純資産）が268兆円を上回っており、この額は世界最大だ（各国の財務省、中央銀行のデータによる。本書所収松原隆一郎氏の論考中の18ページの図4参照）。国家として見ると、日本は世界最大の「金持ち国家」なのである。

そんな「金持ち国家」がデフレという需要不足に悩み、しかも長期金利は世界最低。政府が国債を発行し、デフレギャップを埋めるための財政出動をおこなう場合、これほど条件に恵まれた国はない。むろん、政府が国債を発行すると同時に、日銀は国債買取額を増やし、金利を抑制していく必要がある。「そんなことをすると、インフレになる！」と言われそうだが、まさしくそれ（インフレにする）こそが目的なのだ。現在の日本はデフレに悩んでいるという現実を、忘れてはならない。

ギリシャのように対外負債（外国からの借金）に悩んでいる国においては、日本の真似はできない。そもそも外貨建て（あるいは共通通貨建て）の国債は、自国の中央銀行の国債買取により金利抑制をすることができない（当たり前だ）。自国通貨建て国債と、外貨建て国債は「全く異なる種類の負債」なのだが、日本のマスコミは未だに同一視しているわけだから、困ったものだ。

喫緊に必要な内需は山ほどある

政府の負債が100％自国通貨建てである日本の場合、財政破綻すなわちデフォルト（債務不履行）など、起こしたくても起こせない。金利が上がった際に、日銀が買い取れば、話が済んでしまうためである。ついでに言うと、それで日銀の資産が劣化するのではと懸念される向きもあるかもしれないが、欧米の中央銀行はリーマンショックの後、バランスシートを3倍に拡大したが、日本だけがしていない。結果、円高というわけなのである。

むろん、日本政府といえども、無限に国債を発行することなどできない。日銀が国債を買い取り、マネタリーベースを増やしていけば、インフレ率が上昇する。最終的には、インフレ率がボトルネックになるわけだ。とはいえ、「インフレになったら大変だ～！」などは、デフレを首尾よく脱却してから考えよう。増税や公共投資削減など、「インフレ抑止策」はいくらでもある。また、国内の供給能力の過剰が極端に大きい日本の場合、インフレの暴走はあり得ない。

日本政府はインフレ率が許す限り、財政出動を拡大し、日銀の金融緩和とパッケージで推進すればいいのだ。

具体的には、まずはとにかく東日本大震災の被災者の支援と復興、インフラの再構築である。思い切った住宅再建支援や小中学校や病院の耐震化、堤防、防潮堤など、国民の安全を守るための防災投資。さらに、老朽化している道路、橋梁、トンネル等の大々的なメンテナンス。全国の港湾の深化（現在の港湾は浅すぎ、大型船が入れない）。電柱の地中化を実施すると同時に、通信端末を道路に埋め込み、ITS（高度道路交通システム）の基盤を整備し、ASV技術（先進安全自動車技術）と併せ、将来的には交通事故ゼロ社会を実現する。JR東海が自己資金で実施しようとしているリニア新幹線に、政府が出資する（ただし、余計な口は出さない）。海中からのウラン採掘技術、海底のメタンハイドレート（メタンを中心にして周囲を水分子が囲んだ形になっている固体結晶。要は天然ガスである）の採掘技術など資源関連へ投資する。高齢化社会に対処するための、都市化投資を拡大する。そして、尖閣問題に代表されるように、日本の周囲に「脅威」が存在していることを受け、防衛投資を増加させる。政府がやるべきことは、いくらでもある。

政府および日銀が正しい政策を打ち続ければ、日本は首尾よくデフレから脱却し、耐久消費財メーカーもアメリカ市場ばかりを意識しなくても済むようになる。しかも、上記に列挙したプロジェクトの多くは、耐久消費財メーカーの技術を必要としているものが多い。さらに、日銀の金融緩和により円安になるであろうから、耐久消費財メーカーの輸出競争力は自然に回復することになる。大手企業は内需でも外需でも稼ぎに稼ぎ、政府に法人税を支払えばいいのだ。

そして、日本がデフレから脱却すると、いわゆる財政問題も「勝手に」解決することになる。何しろ、好景気により税収が増え、景気対策が不要になり、かつ名目GDP成長により、政府の負債の返済負担が時を追うごとに下がっていくのである。

すなわち、日本がデフレを脱却すると、「国内経済の成長」「円安」「財政問題の解決」と、一石三鳥にもなるわけだ。ここまで読み進め、なお「TPPを推進しよう」などと言い出す人が、果たして存在するのだろうか。

（みつはし　たかあき）

地方自治を破壊する大阪都・中京都構想、道州制論

ＴＰＰと同根の橋下、河村ポピュリズムと地方自治再編政策を批判する

京都大学大学院経済学研究科教授　岡田知弘

はじめに

２０１１年元旦の大手新聞各紙の社説は、足並みをそろえて、菅直人内閣の消費税率引き上げとＴＰＰ参加姿勢を高く評価し、読売新聞にいたっては「世界の荒波にひるまぬ日本を、大胆な開国で農業改革を急ごう」というタイトルのもと、「救国連立政権」樹立をつくるべきだと強調した。

あたかも、戦時中の大政翼賛体制づくりに協力した大手新聞の亡霊が再来したかのようである。そこでは、「日本経済の危機を打開するためには消費税率の引き上げとＴＰＰ参加しかなく、それに抵抗している農業関係者は非国民である」かのような単純な枠組みと、「抵抗勢力」のフレームアップがなされ、それを攻撃することによって、国民の支持を得て一気に政治決定に走ろうという、典型的なポピュリズムの手法を見てとることができる。これは、小泉純一郎内閣の「構造改革」の際にとられた手法であるし、古くはヒットラーが意識的に活用した手法でもある。

さらに、目を現代の地方政治に転じれば、橋下徹大阪府知事や河村たかし名古屋市長が、マスコミを活用しての高い支持率を背景に、大阪都構想や中京都構想、道州制推進、二元代表制（41ページ参照）の見直し等、これまでの地方自治の枠組みと内実を大きくつくり変える動きを、地域政党や「市民運動」を組織しながら、ポピュリズム的手法で推進しつつある。

小論では、ＴＰＰとは一見関係のないように見える、これらの橋下大阪府政、河村名古屋市政の動きが、実は同じ目標に向かっているだけでなく、その政策思想が、日本経

団連や関西経済連合会、中部経済連合会などの地域財界団体が提唱してきた「グローバル国家」型の地域主権型道州制と同根のものであることを明らかにしてみたい。併せて、そのような政策方向では、少数の多国籍企業とその本社が立地する大都市都心部のみが潤い、「格差と貧困」が地域間でも、社会階層間でも拡大するだけであり、日本の経済社会の持続可能性が失われてしまいかねないことを指摘してみたい。

これは、2011年3月11日に発生した東日本大震災が示していることでもある。この震災は、これまでの東京中心の国土、産業、エネルギー政策の問題点、脆さと不安定性を白日の下にさらした。大震災・大津波によって失われ、あるいは行方不明、安否不明になっている、3万人を超える犠牲者の御霊に応えるためにも、一人ひとりの住民の命と暮らしが最優先される国を、住民の生活領域である地域から再構築していくことが、同時代に生を受け、生きることを許された私たちの歴史的使命ではないだろうか。

1、大阪都構想・中京都構想の内実

二元代表制の破壊と生活直結事業の放棄・大規模開発優先

では、橋下知事の大阪都構想、河村市長の中京都構想とはいかなるものなのだろうか。

橋下知事は、ことあるごとに「大阪府を発展的に解消し関西州へ」とか「大阪府・市合併で大阪都を」と打ち上げてきた。そして、自らの意見と対立する大阪市政の転覆を図るために地域政党「大阪維新の会」まで組織し、市長、議員候補者を準備しつつある。

このような橋下知事の動きは、何をねらっているのか。橋下府政改革の基本文書である「大阪発地方分権改革ビジョン」（2009年）や自らが党首を務める「大阪維新の会」綱領、さらに2010年10月に策定された「財政構造改革プラン」をもとに、その内容を見てみよう。

第一に指摘されていることは、府県をなくし国の出先機関も再編統合して、道州制に移行することで、近畿2府4県でいえばオランダ並みのGDPとなり、「関西の総力をひとつの司令塔の下で結集」できるというものである。まずは、「関西」の経済力強化のための「ひとつの司令塔」づくりが目的だということである。

第二に、大阪府とそれが発展的に解消した関西州を「広域地方政府」と呼び、それはもっぱら産業基盤（競争・成長）に関わる事務を担当するものとしている。他方で、人口30万人規模に再編（合併）した基礎自治体を「基礎地方政府」と呼び、こちらは住民の生活基盤に関わるサービスを担当するというように、「役割分担」論を前面に押し出している。

大阪維新の会の綱領では、「広域自治体が大都市圏域の成長を支え、基礎自治体がその果実を住民のために配分する」という「地域経営モデル」を実現するとしている。このような「役割分担」論に基づく「改革」は、橋下府政の下で現に推進されつつあるものである。住民向けの教育、医療、福祉、住宅、中小企業向け制度金融、男女共同参画サービス支出については大きく削減し、大規模プロジェクトに財源を集中する府政改革と同時に、基礎自治体の合併を推進してきたのである。

第三に、関西州の下での大阪都市圏と周辺部との関係については、大阪維新の会の綱領で、「中心都市部（東京23区に相当する中心部）の機能更新が拠点都市の発展を促すという認識に立ち府域の再編に取り組む。鉄道網の整備、空港アクセスの改善等、中心都市部に重点的に投資し、その発展が周辺を潤し、福祉、医療、教育、安心・安全等に係る住民サービスを向上させる」と、述べている。高度成長期の拠点開発方式と同様の「トリクルダウン」論がまたぞろ登場してくるわけである。そして、その「司令塔」として大阪府とグレーター大阪（大阪市と隣接周辺市）が一体となった新たな統治機構の構築が必要だとする。その枢軸に位置するのが、大阪市と隣接周辺市を人口30万人程度の「特別区」に再編し、それを統合した「大阪都」である。

第四に橋下知事は、二元代表制に代わり、「議会内閣制」を導入すべきだと提唱している。これは、首長が議会の推薦を受けた議員を「内閣構成員」として政治的に任用するもので、首長と議会が行政の予算編成をはじめとしたあらゆる経営判断と責任について共有する仕組みだという。

そもそも、二元代表制は、主権者である住民が地方自治体の行政機関を代表する首長と、立法機関に相当する議会の代表をともに直接選挙で選ぶ方式であり、戦後の民主化過程のなかで実現した制度である。戦前は、主権は天皇にあり、国民は男性のみが選挙権を有し、地方議会議員を選ぶことはできたが、首長は選ぶことができなかった。この地方自治の欠如が戦争を引き起こした一因とされ、戦後憲法のなかで、国民主権や女性の参政権が書き込まれ、地方自治の規定とともに、第93条において二元代表制が明記されたのである。どちらも住民の声を代表している首長と議会両者の相互けん制のなかで、地方自治体の政策立案と行政執行が安定的、公平に行えるという考え方である。

したがって、二元代表制の改廃はただちに憲法改定問題と結びつく。ちなみに、橋下知事も河村市長も、明確な改憲論者である。だが、すぐに憲法を改定することはできない状況にある。仮に憲法改定を予定しない議会内閣制にするとなれば、首長が自らの与党（大阪の場合は、橋下知事が党首の大阪維新の会）の議員が、行政機関の幹部ポストを握ることになるうえ、首長の指揮命令の下に議会がおかれることになる。これでは、首長と議会の相互けん制機能は、機能不全に陥ることは明白である。「地方政府」の「ガバナンス力」を高めるというプラグマティックな論理によって議会を首長の下におく、地方自治の根幹を破壊する制度改革論である。むしろ、住民の声を代表する地方議会の活性化と議員の質の向上こそが求められているわけであり、首長や議員を選ぶ主権者の自治力が問われているといえる。

しかも、現行憲法を前提にして大阪都構想や議会内閣制を導入しようとするならば、地方自治法改正が絶対に必要となる。橋下知事は、これを成し遂げるために、地域主権戦略会議の正規の議員として、また総務省顧問としての立場をフルに活用して、地方自治法の抜本改正を検討するために2010年1月に設置された地方行財政検討会議での検討事項に、二元代表制の見直しと併せて、大都市制度のあり方の見直しを求めたのである。

以上のように、橋下府政改革の基本方向は、何よりも「関西」の経済成長のために、「広域地方政府」としての大阪府や関西州の役割は、大阪湾岸開発等への開発投資に重点をおくべきだというものである。これらの開発構想は、関西経済連合会等の関西の財界団体が要求してきたものであり、これを推進する姿勢を明確にしているといえる。

他方で、日本でも最も深刻な状況にある「格差と貧困」のなかで呻吟している多くの大阪府民の生活に直結する、福祉、医療、教育については市町村の役割だとして大阪府としての施策を大幅に削減してきたし、今後は府営住宅や各種医療福祉施策、中小企業金融についても大きく見直す予定である。だが、府政が手を引こうとしているこれらの分野を、そもそも府立高校の運営等の広域行政サービスを担う必要も権限もない市町村が代わりにおこなうことはできないし、共同でやるにしても財政的には不可能である。結局は、府民の負担の増大か行政サービスの低下を引き起こすことになるのは必至である。

国土の均衡ある発展は幻想に過ぎない!?
——大都市、大企業の利益優先の河村流「自治体」づくり

マスコミが「絵になる」としてその言動を追いかけているもう一人の人物が、河村たかし名古屋市長である。民主党衆議院議員であった河村氏が2009年4月に初めて市長選挙に当選した際には、市民税の10%減税と地域委員会制度の設置が目玉の政策であった。けれども、とくに経済危機下で大幅に税収が減少するなかでの市民税減税が、ごく少数の富裕層と法人企業にメリットがあるだけのものであり、税収減に対応した医療、福祉関係の負担増やサービス削減が明らかとなる。そこで河村市長が攻撃のターゲットに選んだのは、市議会であった。議席数と議員報酬を半

減するとして、議会と激しく対立し、とうとう政令市としては初めての市議会リコールを成立させたのである。

このリコール運動を展開するなかで、河村市長は橋下大阪府知事との連携を強め、２０１１年2月に実施される愛知県知事選挙に、盟友である大村秀章衆議院議員を擁立して、大阪都構想を模した中京都構想をそのマニフェストの中軸に据えたのである。さらに河村市長は自ら辞職し、市議会リコール投票と併せて、市長選挙、知事選挙も同日実施するという政治イベントをしかけていく。河村市長と大村知事候補は、「日本一愛知の会」を結成し、そのマニフェストのなかに、「中京都」構想を書き込んだのである。

マニフェストのタイトルは、「今こそ、世界と闘える愛知・名古屋を」というもので、初めからトヨタ等のグローバル企業の国際競争力を意識したものである。そこでは、「人口減少社会を迎えた日本にあっては、『国土の均衡ある発展』は幻想に過ぎません。主要都市へ権限を移譲・集中して、創意工夫で周辺地域とともに発展し、結果として国全体の経済成長を牽引する」必要があるとして、小泉構造改革以来の新自由主義が全面展開されている。

具体的には、「大都市を中心とする広域エリアが国際競争に打ち勝つようグローバル企業を育成・誘致し、自由な経済・金融活動を保障して成長を促し、財政を豊かにする。それを背景に、教育、医療、福祉などの住民サービスを充実する。理想的な県土、愛知・名古屋の絵姿を描いて、集中的な投資を可能に」するとして、そのために「愛知県・名古屋市を合体して『中京都』を創設し、都市のエリアを愛知県全体に広げて、人口740万人、域内総生産（ＧＤＰ）40兆円の固まりとし、日本の顔として世界と闘える基盤を築き上げ」るとしている。

基本的には、大阪都構想と同じ論理で、グローバル企業の成長のための広域自治体再編論になっているのである。しかも、公共投資の目玉として、中部経済連合会が求めてきた中部新国際空港の滑走路増設や名古屋港、都市高速道路網の整備が盛り込まれている。さらに、道州制についても、その実現に向けて「国の出先機関の移管、権限の委譲の受け皿となる『中部広域連合』を関係者の理解を得て早期に設立する」としていた。橋下大阪府政と同様、地域財界の利益を反映した政策が最優先されているのである。

この中京都構想にしろ、大阪都構想にしろ、具体的な姿は、まだ詳細には明らかにされておらず、それ自体を検証することは現時点ではできない。むしろ、以上で述べてきた基本的な理念や政策思想を踏まえて、これまでの橋下知事や河村市長の言動を素材に、その背後にあるものを、検討していくことにしよう。

2、グローバル企業優先の新自由主義的な「地域主権改革」モデル

橋下知事と河村市長は、その政治手法だけでなく、「都構想」の目指すところも、その内容も、政策思想も、酷似しているといえる。

すなわち、第一に、その最大の目標は、大阪や名古屋の「地域色」の打ち出しを演出して国や東京との対抗意識を掻きたてながら、大阪財界および名古屋財界の経済力、成長力強化のために、大都市部に公共投資を集中させ、規制緩和の特区をつくることで、グローバル企業の育成や誘致を図ろうとしている点である。

「勝ち組」のグローバル企業の国際競争力を支援することが地方政府の役割であり、国土の均衡ある発展論は、明確に否定される。当然、多国籍企業の利益を確保するためのTPPについても、推進の立場にたつ。例えば、橋下知事は、グローバル化は時代の流れであり、むしろ中小企業も海外に打って出るべきであるという推進姿勢を明確にしている（「〝ものづくり中小企業経営者〟の皆さんへ（知事メッセージ）」2010年12月24日）。

第二に、そのための手段が、大阪府下、愛知県下の政令市と周辺市町村を統廃合することで「広域地方政府」の開発投資財源を確保すること、すなわち大阪都や中京都の実現である。統廃合した政令市や周辺自治体の財源を、大都市域に集中するわけである。

第三に、そこで流布されている言説が、「二重行政は無駄」論であり、「役割分担」論である。橋下知事の議論に象徴されるように、広域地方政府としての府県は国際競争力をつけるための経済成長、開発政策に専念し、基礎地方政府としての30万人の市は住民サービスに特化すべきだというのである。

こうして、橋下知事は、福祉、教育、医療、男女共同参画事業、府営住宅、中小企業制度融資に対する府の支出を大きく削減し、「小さな政府」を強制していったのである。河村市長は、教育や医療、福祉における同様の削減を、10％減税と議員歳費、職員人件費の削減を抱き合わせにすることで、より巧妙におこなっている。

第四に、住民の不満を吸収する仕組みも、取り入れている。「大阪都」構想では、特別区の区長については、公選で選出するとしている。ただし、区議会は存在せず、基礎自治体と比べると財政権限も限られている。また、河村市長の提唱する地域委員会は、ある特定の事業のために、公選で委員を選び、一定の予算を使用可能にするという河村流「住民分権」の象徴的存在である。ただし、2010年度から開始された8地域委員会のところでは、目的外の事業や予算活用は認められておらず、極めて限定的な取り組

みとなっている。

加えて、橋下知事、河村市長とも、議員数の大幅削減や、首長与党の多数派形成と議会の従属化を当初からねらっている。これでは、地域住民の多様な声を反映するような議会とはならず、間接民主制の面での住民自治も後退することになる。

第五に、橋下知事も河村市長も、ともに公務員を削減しながら、公共サービスを、ボランティアやNPOなどの「新しい公共」の担い手に委ねたり、市場化・民間化によって民間企業の市場に開放する姿勢を強めている。例えば、大阪府では、この間、「大阪版市場化テスト」の名の下で、税務窓口業務が7億5000万円でスイスに本社を置く多国籍企業と日本のメガバンクの子会社に、府立図書館管理運営業務が7億円弱で東京に本社をおく大日本印刷系の子会社に委ねられた。河村市長も、区役所や市立病院の民営化を口にしており、公共の資産が、特定企業の利潤追求の手段と化しつつある。

以上のように、橋下知事、河村市長による大阪都構想と中京都構想は、大阪および名古屋の大都市に行財政権限を集中し、「司令塔」を一本化して、グローバル企業の活動を支援する基盤づくりや制度環境づくりを最大のねらいとしており、その最終目標は、道州制の導入であることも同じである。では、なぜ、彼らは道州制にこだわるのか。

3、多国籍企業主導のグローバル国家型道州制論とその陥穽

地域の個性を担保する重層的自治制度を破壊

現代の道州制論は、2000年代に入り、日本経団連が、多国籍企業が活動しやすい「グローバル国家」をつくるための「究極の構造改革」として、繰り返し政府に要求してきたものである。

その理由を、御手洗冨士夫前日本経団連会長は、『文藝春秋』2008年7月号で、単純明快に説明した。すなわち、日本の成長力を取り戻していくためには、多国籍企業が立地しやすい国際空港、港湾、都市高速道路等のインフラの整備が必要であり、そのための財源を、都府県と国の出先機関を廃止することによって得るためであると明言した。また、市町村についても大規模合併をすることを求めている。

ちなみにこのような公共部門の縮小再編によって捻出される財源規模は、5兆円を優に超える。しかも、国が介在する地方財政調整制度も廃止することによって、州政府が企業誘致競争をすれば、各州の活性化が図れるという考え方である。そこでは、多国籍企業の利益がすべてであり、そのための「国のかたち」の再編を強調しているのである。「格差と貧困」が広がる大都市や農村の住民生活への

視点はほとんどない。
しかも、このような道州制は、彼らの言う「補完性の原則」による「役割分担」論と結びついており、例えば、国は外交、軍事、通商政策、道州政府は公共投資、経済政策、高等教育政策、そして住民にもっとも近い基礎自治体が教育、医療、福祉などの住民サービスを担当するというものである。こうして、現行憲法25条にある生存権を守るべき国や地方公共団体の責務が曖昧にされ、外交、軍事、通商政策については国の専権事項とされているので、沖縄米軍基地問題についても、あるいはTPP交渉についても、地方自治体や主権者である住民・国民がものをいうことが許されない「国のかたち」が浮かび上がってくる。

だが、このような道州政府と大規模基礎自治体からなる地方自治制度は、人口5000万人を超える先進国には存在しない。欧米諸国とも、重層的な地方自治制度となっているからである。フランスでも県を補完する形で州があるが、その平均人口は京都府の人口よりも少ない200万人である。このような重層構造であるがゆえに、地域の個性に合わせた地方自治や地域政策が有効に展開できるのである。地方自治は、団体自治と住民自治を両輪としているが、道州制やさらなる市町村合併は、団体自治、とりわけ首長の裁量権の強化拡大を意味するが、住民自治については確実に空洞化することになる。

史実でも明らかな地域経済の破壊

しかも、道州制は地域経済にも深刻な影響をもたらす。仮に、大阪都を中心に関西州ができたとすれば、例えば京都府庁が有していた財源と一般職員が、京都経済から消滅することになる。京都府の場合、約8000億円の予算規模と8500人余りの職員に相当する。これが、地域経済から消滅すると、京都市内だけでなく、府から財源の再分配を受けてきた京都府北部の市町も大きな打撃をうける。

このことは、古くは明治前期に奈良県が堺県に統廃合されたことによって県庁所在地であった奈良町が衰退した史実や、最近では「平成の大合併」によって多くの広域自治体で周辺部の役場が消滅し、地域の衰退が加速した事実によっても、明らかである。それは、地域経済の一大再投資主体である役場や市役所が消滅したことによる当然の帰結であり、道州制になれば、さらに広域的に、周辺部の旧県庁所在地や農山村に対して大規模かつ深刻な被害をもたらすことは必定である。

しかも、州の中心部が潤うかといえば、そうではない。その理由も明白である。大阪や名古屋も含めて、政令指定都市では、東京に本社を置く企業の支店経済化が進行し、大規模公共投資をしたとしても、東京系企業が受注し、さらに建設工事等による生産波及効果も東京に本社をおく企業に吸収されてしまうからである。このことは、大阪では、関西新空港建設の果実が、地元企業には還流せず、東京系企業や日米建設協議で市場開放された外国企業に流れ、足元の大阪府も、泉佐野市も巨大な負債を抱え、戦後最悪の財政危機に陥ったことをみれば容易に理解できよう。

おわりに

「グローバル国家」のコアを構成する地域主権型道州制では、以上のような大企業の東京一極集中構造にはメスが入らない。東京の国際競争力を落としてはならないという論理によって、むしろ東京一極集中をすすめるのが道州制である。道州政府ごとに多国籍企業の経営活動に都合のいいインフラや補助金制度・規制緩和ができれば、その蓄積にもっとも適合的な「国のかたち」となり、電力や鉄道等のブロック資本との成長同盟も組めるからである。

だが、東京に余りにも経済力が集中した日本の地域経済構造の歪さみと脆弱さは、今回の東日本大震災とそれにともなう原発事故、首都機能の不安定化のなかで、先鋭な形で露呈することになった。東京での住民の生活や企業活動を支える、エネルギー、水、食料、安全な空気を供給するのは、ほかならぬ中山間地域や農山漁村地域にほかならない。そこが産業活動を停止すれば、東京圏は生きることができない。大都市と農山漁村は、相互に連携して初めて持続可能なのである。TPP参加によって、農山漁村の産業を破壊することになれば、大都市の持続可能性も失われるのである。

これまでの新自由主義的な政策は、「勝ち組」である少数の多国籍企業と、その本社が立地する東京都心部だけが潤えばいいという思想に基づいていた。そうではなく、日本列島のどの地域であれ、その個性に合わせて一人ひとりの住民が安全に幸せに生きることができる国土政策、地方自治制度、産業政策への根本的転換が求められているのである。

もはや紙数もつきた。その具体的な内容については、参考文献を参照されたい。

（おかだ　ともひろ）

〈参考文献〉
岡田知弘『一人ひとりが輝く地域再生』２００９年、新日本出版社。
岡田知弘『増補版　道州制で日本の未来はひらけるか』２０１０年、自治体研究社。
農文協編『ＴＰＰ反対の大義』２０１０年、農山漁村文化協会。
大阪自治体問題研究所編『「地域主権」改革と地方自治』２０１０年、自治体研究社。
大阪自治体問題研究所編『「大阪維新」改革を問う』２０１０年、せせらぎ出版。

TPP、地域社会の未来、そして地方自治体の役割

地方財政論・政策論の視点から

新潟県立大学国際地域学部准教授　高端正幸

1　はじめに
——地域のあり方を考える3つの切り口

TPPという、未だ姿の定まらない連携協定への参加が取りざたされている。現状でわかっていることは、それが実質すべての輸入関税の撤廃のみならず、サービス貿易、労働力の移動、および知的財産といった広範な領域にわたる規制の緩和・撤廃を通じた「内国民待遇」の実現を指向するものだということである。TPPへの参加を経済連携の中心課題にすえるとなれば、これまでの日本がとってきたEPA（経済連携協定）のアジア諸国との交渉・締結を通じた漸進的なアプローチを含め、鳩山前政権が志向した「東アジア共同体」への道筋は、突如として放棄されたこととなる。いずれにせよ、TPPのようなすぐれて乱暴な

自由化・市場化政策が実施されるとすれば、それが地域経済・社会へ与えうる影響は、間違いなく甚大なものとなろう。

TPPがはらむ問題点については、他稿が縦横から論じているとおりである。本稿では、TPP問題をきっかけに考えるべき地域のあり方について、地方財政論、政策論の立場から、つぎの3つの切り口にしぼって論じていく。

第一に、TPPがもたらしうる、地域（ここでは大都市圏を除く地域、典型的には地方中小都市および農村、中山間地域を指す）の経済を支える農林業や中小製造業への打撃、あるいは医療・介護・福祉等における規制緩和、さらに移民労働力の受け入れ自由化といった、劇的なショックに耐えられるような地域経済・社会を創り出すことに、日本は政策的に失敗してきている。そして、TPPへの参加

は、これまでの政策の失敗の上に新たな、しかも決定的なそれを積み重ねるものとなる可能性が極めて高い。

第二に、地域社会の疲弊に対する前向きなリアクションとして、地域における生業、あるいは医療・福祉体制などの再生を図る自発的な試みが全国各地で生まれており、徐々に実を結び始めている。しかし、持続可能な地域社会への道筋を探るそうした試みが共通して抱く未来像と、ＴＰＰのような方向性が生み出すであろうそれとは、まったく異なっている。

第三に、ＴＰＰの帰趨がどうであれ、グローバル化が地域におよぼす諸力の強まりは、地域単位の政策主体である自治体の変革を迫っている。また、求められる変革の内容は、既存の教科書的な自治体改革の処方箋をある意味で大きく超えるものであり、地方分権の流れと相まって、自治体に要求される努力は多大なものである。われわれは、国策レベルでＴＰＰが浮上する現状を、地域における政策主体としての自治体のあり方を熟考する大事な機会ともすべきである。

２　地域で何が起こってきたのか

ふり返れば、直接的に現在の地域の窮状を準備したのは１９８０年代からの一連の政策展開であったといえる（金子・高端２００８）。

85年プラザ合意に始まる急激な円高の進行は、製造業の空洞化を促しつつ、地方の中小製造業を苦境に追い込む一方、農産物の輸入自由化が農業の衰退に拍車をかけた。一方、折からの財政再建路線と内需拡大要求への対応を両立させるために、国は補助金を増やさずに地方財政を動員していく。その方法が、民活方式の地域開発と公社・第三セクターの積極的活用であった。こうして、旧来から支配的であった外来型、開発型の地域振興手法が「リゾート開発」などに装いを変えて推し進められた。また、それを後押しするために、財政面では国による地方交付税措置、つまり自治体の債務返済負担の一部を地方交付税で工面する仕組みも多用されていった。

それらが地域経済と地方財政の危機の素地を生み出した矢先に、日本経済はバブル崩壊を迎え、長期不況に突入していったが、この90年代に、日本は政策対応を決定的に誤った。

まず、不況の本質を見誤り、相次ぐ経済対策によって公共事業が乱発された。たしかにそれは一定の雇用を生み地域経済を下支えしたが、農業と製造業の衰退を食い止めないままに、地域経済を公共事業依存に陥れる結果となった。同時に、国と地方を通じた膨大な債務を生み出し、日本は１９９９年以降、主要先進諸国で最大の債務残高を抱えることとなった。

つぎに、グローバル化の進展が強調されるなか、経済政策の重点が「国際競争力の強化」にシフトしていった。80年代の経済政策が貿易不均衡の是正のために農業と中小製造業を犠牲にするものだったとすれば、90年代のそれはグローバル競争のための「成長産業」重視と「非効率部門」というレッテルを張られた農（・林・漁）業と中小製造業の切り捨てであったといってよい。

さらに、少子高齢化や地域からの人口流出が加速するなかで、家族や地域共同体の機能低下が着実に進行してきたにもかかわらず、年金・医療保険の抜本改革や医療・福祉サービスの拡充路線を取らなかった。例えば、少子高齢化と産業構造の転換のしわ寄せが、市町村を保険単位とする国民健康保険に集中しているのに、広域化や一元化といった抜本的対応が後手に回り、自治体財政に場当たり的な負担を強いた。また、ゴールドプランやエンゼルプランが打ち出されたものの、財政事情の悪化もあいまって福祉基盤の拡充が進まなかった。

そして、2001年からの小泉自民党政権において本格化した「構造改革」は、以上のような経緯によっていよいよ深刻化した地域経済の衰退や地方財政の危機を、財政再建至上主義によって一挙に清算しようとする試みであった。「構造改革」における地方交付税の削減や国と地方を通じた公共事業の削減は、大都市部に偏重した経済成長の果実を地方に分配するパイプを遮断した。これは、小泉「構造改革」以前にはなかったことである。もちろん、不要不急の公共事業を通じた地方への所得再分配は、いまや地域経済を歪めるだけであろう。しかし、それを止めるならば、代わりに持続可能な地域経済を生み出すための明確なビジョンと方策が、国策として示されるべきであった。ところが、現実は周知のとおり、「都市再生」そして「地域再生」と振り子が揺れつつ、地域の現実を見据えた一貫したアプローチは示されることがなかった。

しかも、社会保障経費抑制のために、医療、介護、生活保護などまさに「聖域なく」見直しが進められたが、そこに自治体財源の圧縮、さらには実態にそぐわない農業政策や中小企業政策が重なった。影響は増幅され、地域で人々が生活を維持する最低条件さえ脅かすこととなった。例えば、医療費抑制のための診療報酬や医師数の抑制が公立病院の赤字を膨らませており、それが生み出す財政負担に耐え切れない自治体は、住民の犠牲を覚悟で病院の機能縮小さらには閉鎖に踏み切ることとなる。療養病床の削減が「在宅療養の推進」の名のもとに進められても、在宅介護のサービス基盤がないため、医療と介護のはざまで多くの「難民」が生まれている。さらに、若者の働く場が失われ、地域を支える人材も税収もしぼんでいけば、地域経済・財政の存立基盤そのものが揺るがされることとなる。

こうした１９８０年代以降の一連の展開について、押さえておくべきことはつぎの3点である。

第一に、地域の現状は、政策的に生み出されてきた面が強いということである。資本主義的な経済発展、とりわけ日本がたどってきたような急速かつ地域的偏在を伴うそれが、都市部への産業集積に付随して農村部からの人口流出を不可避的に招くものであったことは事実である。また、産業構造の転換のもと、農業や中小製造業をとりまく環境は相対的に厳しいものとならざるをえない。しかし、そうした状況の変化への適応を地域に促すような、有効な政策が打たれてきたとは言いがたい。

第二に、地域における自治体の役割は、つきつめれば地域社会の持続可能性を確保することであり、具体的にこれは大きく2つの側面に分けてとらえることができる。１つは、地域住民の生業を支えることで、産業政策、雇用政策が中心をなす。もう1つは、地域住民の生活を支えることで、医療、福祉、生活の足の確保（交通）といった政策が挙げられる。要するに、住民が働き所得を得る機会を確保していくことと、家族・共同体の機能低下を補完し生活条件を確保することに、自治体の役割は見出される。そして、これら両面において、中央集権的システムのもと、大多数の自治体は不適切な国策に盲従する面が強かった。

第三に、現在の地域経済・社会が、上述の経緯により、著しく足腰が弱まった状態にあることは知られているとおりである。そして、ＴＰＰに体現されるような市場原理強化は、ようやく広まりをみせつつある地域独自のさまざまな努力を、津波のように押し流してしまう可能性が高い。

3　地域再生への萌芽

地域が直面する現状に対して、展望を切り拓こうという問題意識を持つ人々にとって、昨今、全国各地でさまざまな試みが展開していることは周知の事実である。農業従事者の高齢化や集落機能の低下に対して新たな営農形態が試みられたり、放置された山林の再活用と木材加工品生産の地域内育成が図られるなどの事例は今や数多い。町に固有の歴史的景観を生かした観光による町おこしや、アグリツーリズム・グリーンツーリズムの発想にもとづく食・農連携による地域経済循環の創出、あるいはこれらに付随した都市民との交流・連携の強化なども含め、地域の生業を再建する、あるいは新たに創り出すための努力が、各地で展開している。

医療・福祉といった生活ニーズを保障するためのシステムを、地域独自に生み出していく試みも展開されている。過疎地域における病院・診療所と訪問看護・介護機能の連携を独自に図り、高齢者に対する医療・福祉、施設・在宅のシームレスなサービスを実現しようとする試みや、地域住民の参加によって地域医療ネットワークのあり方を変えていく努力などは、すでに注目されている。たとえば、夕張市の財政破綻に伴う市立病院再編とその後の診療所における取り組みは、地域医療のあり方を根本から見つめなおす材料ともなっている。

こうした取り組みはいずれも、既存の政策・制度の枠組みを越えたところで展開しており、地域のあり方を大きく変える可能性を有している。特徴は大きく2つある。まず、よく言われるように、地域固有の自然的・地理的条件や歴史的景観などの地域資源を生かすことが意識されている。医療・福祉といった住民ニーズに関わる取り組みについても、地域住民の生活特性や医療・福祉資源を見つめなおし、既存の発想にとらわれない方法によって、人間的な生活を保障していく試みである。つまり、これらは、「この地域で何ができるのか」をつきつめて考えた結果の取り組みであるといえる。

また、これらの試みは、やみくもな開発・拡大志向を捨て、地域経済・社会の持続可能性を求めるものとなっている。既存の流通機構や支配的な消費者意識を念頭においても、大量生産・低コスト生産を目指す発想はそこにはない。地域固有の価値を生み出し、それに対する小さくても確実な需要を得ることによって、小さな地域の経済的自立性を創ることが目指されている。また、医療・福祉の新たな試みも、小さな地域であるからこそ、関係主体間の連携を深めることが可能となっている。そして、こうした新たな地域づくりの思想と、地域の固有性や地域循環型の小さな営みとは関係なく、地域をむき出しの市場原理にさらしていくTPPの性格とが、相容れないものであることは言うまでもない。

4 グローバル化・市場化時代の地域再生と自治体の役割

さらに注目すべきは、上にみたような取り組みの多くが、自治体主導ではなく、住民・当事者の自発的な努力や、それをまとめ上げる役割を果たす市民組織、あるいは半官半民の中間的組織の活動などによって担われている点である。自治体の積極的な参画・支援がみられる事例においても、それは後からでてきたものである場合が多いように見受けられるが、そのことは、今日の多くの自治体が抱える問題と、今後進むべき方向性の両面を反映している。

ある意味で、それは多くの自治体が、地域の現状を深く考察し、向かうべき方向を打ち出し、住民の共感を得ながら主導していく力を失っていることを示している。自治体の首長、職員、議員が、真の意味での当事者として地域再生の現場に立ち現れることができていないとも表現できよう。たとえば、既存の農協・商工会・観光協会など関係団体とのしがらみもあり、自治体が住民の自発的・萌芽的な取り組みに対して柔軟に対応できないケースは多い。また、自治体が従来のシステムの温存を優先して、医療・福祉の前向きな再編を図ろうと考える医療・福祉従事者の問題意識に対して応えることができなかったり、財政難にのみ目を奪われて、医療・福祉の実質的な機能縮小に走るといったケースが、現状では多数派であると言わざるをえない。こうした現状は、明らかに、自治体の変革を促す必要性を示している。

そこで、地域において自治体は、一種の総合的なコーディネーター（調整役）としての機能を果たしていくべきであろう。たとえば小田切は、農山村再生の課題として、住民が当事者意識をもって、地域の仲間とともに手づくりで未来を切り開くという積極的な対応としての〈「手づくり自治区」―「集落」〉の二層構造の創出に着目しつつ、既存の自治体が地域に対して強く「目配りをする」ことの重要性を強調している（小田切２００８）。

このように、住民の当事者としての意欲や発想が結集されうる受け皿と、それを具体的かつ持続的な活動に発展させるために必要な資金面・条件面の支援を適切に提供するという意味での自治体の「目配り」とが共に重要であるという視点は、過疎地域のみならず、広く農村そして地方中小都市における自治体のあり方を示唆するものとして傾聴に値する。

地域再生の注目すべき取り組みの多くが、当事者たる住民から発生したリーダーシップによって展開されてきたことは、すでに述べたとおりである。そうしたリーダーシップの存在が、今後の地域のあり方を大きく左右することが予想される。このとき、地域における政府として財源および法・条例などにもとづく権限を広く有する自治体が、命令役としてではなく、むしろ調整役・目配り役として地域に関わっていくことを通じて、自治体固有の資源である財源や行政権限をポジティブに生かしていくことが不可欠である。

なお、よく指摘されるように、市町村合併による自治体の広域化が、地域と自治体との関係を希薄化させているケースが多い。しかし、自治体における相応の努力や問題意識が伴うならば、小田切が指摘するように、広域化した自治体のもとで住民の主体性を生かした狭域的単位を組織することは可能である。また、域内に中心的な市部（地方中小都市）と農山村を共に有するような自治体において、原料生産と加工・消費、あるいは郊外居住と市部での勤務というように、域内の経済循環や生活圏形成を促していくことも可能性として考えられる。その意味で、市町村合併の負の面を最小化しつつ、正の面を生み出していくアプローチが求められるといえよう。

もちろん、以上のような問題意識を有する自治体関係者は少なくない。ただし、彼らの問題意識が容易に生かされうる状況にない自治体が多いのが現状であるといえよう。しかし、前例の踏襲や既存ルールの遵守にのみ関心が奪われ、新たな地域経済・社会の創出に向けた動きの芽を摘むような体質が乗りこえられなければ、地域の再生はままならないし、地方分権改革の努力が成果をあげることはないということを、忘れてはならない。これは自治体関係者のみの問題ではない。われわれ一人ひとりが住民として、有権者として、主体的に引き受けていくべき課題である。

5　分権的で強靭な地方財政を

同時に、国においては、以上のような地域レベルにおける主体的な取り組みに対して自治体が有効に関わっていけるような条件を、分権改革を通じてつくりだす責任がある。法令による地方自治体に対する事務・事業の義務付け・枠付けのうち、画一性による弊害が認められ、自治体の創意工夫の余地を広げるべきと判断されるものについては、思い切って撤廃するべきである。また、地方の税源を拡充しつつも、すべての自治体が基礎的な行政サービスを十分に提供し、地域づくりのための独自の施策を展開する余裕を持ちうるように、地方交付税による財源保障を堅持していく必要がある。

これらは、地域の実情に即した独自の施策を自治体がおこないうるための、「自由」と「財源」の確立を意味する。残念ながら、現状においては、地方レベルの行政・政治に対する不信感や、国と地方を通じた財源不足を背景として、分権改革の推進に対するコンセンサスは十分に深まってはいない。しかし、自治体行政の硬直性を生み、自治体関係者の目を地域ではなく国に向けさせるような既存の集権的システムから、地域の未来への展望が開けないことは自明である。分権改革は、自治体が地域を支える調整役・目配り役となっていけるかどうかを大きく左右するものと考えるべきである。

（たかはし　まさゆき）

〈参考文献〉
小田切徳美「農山村再生の課題―いわゆる「限界集落」問題を超えて」、『世界』2008年8月号、岩波書店。
金子勝・高端正幸編著『地域切り捨て―生きていけない現実』2008年、岩波書店。

経済を核にした東アジアの複合的協力関係づくりこそ日本の安全保障

TPP参加はアジアの平和にも役立たない

元外務省国際情報局長・防衛大学校教授　孫崎　享

車の両輪となったTPPと日米同盟
――前原前外相発言にみえるもの

日本と米国は今、安全保障分野と経済関係で一段と緊密な関係を構築しようとしている。その動きを最も的確に表現したのは前原誠司前外務大臣である。前原氏は2011年1月6日、米国のCSIS（戦略国際問題研究所）で「アジア太平洋における新たな水平線の開始（Opening a New Horizon in the Asia Pacific）」と題して講演をおこない、次の諸点を述べた。

・今年2011年は新たな日米同盟の開始年である。

・最優先課題はアジア太平洋地域の新しい秩序形成に全力を尽くすことであり、この地に「制度的基礎」をつくる必要がある。

・TPPは次世代FTA（自由貿易協定）であり、実現すれば経済的のみならず政治的に重大な意義をもつ。

前原大臣（当時）は外国人献金問題で辞任したが、3月6日の辞任演説で、

「私の目指してまいりました経済外交、あるいは日米同盟の深化というものが道半ばで、私からやることができなくなる、ということは、慚愧にたえない面もございます」と述べた（3月6日、Web版「産経ニュース」）。

こうみると、安全保障面での深化とTPPの促進は日米同盟を一段と緊密にする車の両輪といえる。

東アジア抜きの経済外交の的外れ

TPP参加について、とりあえず、私の簡単な評価を示したい。

（1）最も重要な東アジアとの関係づくりを等閑視した政策である。ＴＰＰ参加による経済メリットについてさまざまな試算がおこなわれている。将来日本の経済にとって最も重要なのは中国経済とどう向き合うかである。中国は今ＴＰＰに入る予定はない。これに韓国の不参加を加えると、最も重要な政策が欠如した構想である。

表1　域内貿易比率の比較（単位％）

		東アジア	NAFTA	EU
輸出	1980年	33.9	33.6	61.0
	2003年	50.5	55.4	61.4
輸入	1980年	34.8	32.6	56.9
	2003年	59.7	39.9	63.5

２００９年の時点ですら、ＪＥＴＲＯ地域別統計によれば日本の輸出は東アジア２９８０億ドル、米国１０１０億ドル、ＡＳＥＡＮ５２０億ドルである。

西村吉正氏は「脱・脱亜入欧のすすめ」（中央公論２００８年1月号）で域内貿易比率を上記のように紹介しているが、この数字をみても日本のおこなうべきは東アジア内の経済関係をどうするかである。

中国が世界経済の中心となるとの考えは米国にもみられる。２０１１年1月20日付けニューヨーク・タイムズ紙は「中国の勃興を受け入れて（Accepting the Rise of China）でイメルトGE社会長が「２００７年まで米国は世界経済の牽引車であった。しかし今後25年世界経済のエンジンは米国消費者でなく、アジアの中流である。ゲームは中国で展開される」として、今後は中国市場にいかに取り組むかが課題であるとしている。

じっさい中国はＴＰＰに対して「参加するかしないかは研究段階である」「中国も日本も韓国も似た面がある。ずばり農業だ。いったん市場を開放したらどうなるのか」（２０１０年11月9日付け日本経済新聞「中国、ＴＰＰに関心。程永華大使」）とし、やや消極的態度を示している。

（2）ＴＰＰ加盟候補のなかで経済の圧倒的比重が高いのは米国、日本である。米国に関しては関税率（貿易量加重平均）は全品目で２・０％、非農業分野で１・９％で（『週刊東洋経済』２０１１年3月12日号）、為替の変動など考慮すれば、今や関税はほとんど貿易阻害要因ではない。

（3）対米輸出に関しては、例えば自動車産業など日本からの輸出には限界があるとして米国国内での生産に移行している。つまり輸出促進効果は少ない。

（4）ＴＰＰ内に日本と同種の貿易構成をもつ国があまりなく、入らなければ競争力が低くなる現象はほとんど出ない。

（5）最大の問題はＴＰＰに入る利点が比較的小規模とみ

られるのに比して、日本は大幅な社会変革を求められていることである。その典型の一つが医療である。すでに日本医師会は2010年12月1日「医療分野に関してはTPPへの参加によって、日本の医療に市場原理主義が持ち込まれ、最終的には国民皆保険制度の崩壊につながりかねない面もある」ことを懸念し、具体的な懸念事項として日本での混合診療の全面解禁（事後チェックの問題を含む）による公的医療保険の給付範囲の縮小等を指摘した。

①農業、政府調達（海外の事業者と国内事業者との区別をしないこと）、労働（人の移動の自由化）、各種サービス分野の規定によって日本人の雇用環境が悪化することが考えられる。米国、欧州始め多くの国の経済政策の最重要点が雇用である。このなかで雇用環境につながる経済政策をとることは、社会環境の悪化につながり、米国における治安分野への大幅出費にみられるように、他部門へのマイナスを助長する。

②経済効率を追求するという名目のもとに、雇用・医療等生存に直結する分野での弱者へのしわ寄せが強まる。

さまざまな論点を述べたが、要すれば、日本の貿易政策で今一番重要なのは対米貿易環境ではなく、中国を始めとする東アジアとの貿易環境だ、ということである。TPP参加はそれと関係がないどころか、その方向に反する政策である。少なくとも現時点では中国は消極的である。日・中・韓3カ国でいえば、それぞれが農業問題を除外して貿易環境を整備することに関心がある。

「日米安保」から大きく逸脱した「日米同盟」

TPP24分野の基本は経済体制を米国の基準に合わせることだが、安全保障の面でも全く同じことが生じている。今、日米の安全保障面でいかなる動きが生じているか。サミュエルズMIT教授の『日本防衛の大戦略』をみてみたい。

「日本は安全保障の範囲を拡大すべきであるというアメリカの要求がこれほど執拗になったのは、これまでにないことだった。米国国防総省は、日本が本土から遠く離れた地域での緊急事態に協力することを明確に期待している。在日米軍と日米同盟を世界的に安全保障戦略の道具として利用するのは米国の明確な意志である。この結果、日米同盟の存在理由そのものがすでに変わっている。海外派兵の拠点として日本列島を使用するという日米の野望はかつてないほどあからさまになっている」

サミュエルズ教授の分析が具体化されているのは、2005年10月、日本側の外務大臣と防衛庁長官、米国側の国防長官と国務長官の間で締結された「日米同盟　未来のための変革と再編」である。ここでは「日米同盟は世界における課題に効果的に対処する上で重要な役割を果たしている」とされ、日米同盟が日本や極東の安全保障から、世界の安全保障のために機能することが期待されるようになった。

ＴＰＰ24分野の交渉においてＷＴＯ等のこれまでの基準を超えて、新たな共通の基準を作成することを目指していると同様に、日米同盟も新たな規範で動くことが期待されているのである。

今までの規範として、１９６０年に成立した日米安全保障条約がある。ここでは前文において「国際連合の目的及び原則に対する信念を再確認し」、第１条において「国際連合の目的と両立しない他のいかなる方法によるものも慎む」「国際連合を強化することに努力する」として国際連合の役割を重視している。経済でいえば、世界基準であるＷＴＯに相当する。しかし、上記「日米同盟　未来のための変革と再編」では新たな理念が導入されている。「地域及び世界に共通の戦略目標を達成する」こと、及び「国際的安全保障環境を改善すること」が唱えられている。60年安保の国連重視規範から大きく逸脱し、米国の理念とその枠の拡張を目指しているのである。

領土問題は、軍事的に解決することはできない
――尖閣諸島防衛の軍事的不可能性

２０１０年、東アジアは領土問題をめぐり、大きく動いた。

まず尖閣諸島で日中が緊迫した。９月７日海上保安庁巡視船が中国漁船に停止命令を出し、これに従わない中国漁船が日本の巡視船に体当たりした。日本は船長を公務執行妨害で逮捕する。中国政府は日本側の船長の起訴に向けての司法方針が明確になると日本との閣僚級の往来を停止、フジタの社員４人の身柄の拘束、レアアースの日本への輸出規制等をおこなった。日中関係が緊迫し、どこまでエスカレートするか不明の状況となった。この事態を収拾するため、結局那覇地方検察庁が「今後の日中関係を考慮」し、異例の外交的配慮を理由にして釈放し、とりあえず終結した。悪化した日中関係はその後も改善せず、横浜でのＡＰＥＣ会合時の胡錦濤国家主席と菅総理の首脳会談でも、対立した雰囲気は解けなかった。

次いでロシアのメドベージェフ大統領が11月１日北方領土の国後島を訪問した。ソ連時代を含めロシアの最高指導者が北方領土に入ったのは初めてである。

領土問題をめぐる紛争は朝鮮半島にも広がった。11月23

日、北朝鮮が黄海の南北境界水域に近い韓国の延坪島を砲撃し、韓国の海兵隊員2名、民間人2人が死亡、16名が重軽傷を負った。この事件も領海が関係している。朝鮮戦争の休戦で陸上では38度線を軍事境界線として合意した。しかし、海上の境界線については合意がない。1953年、国連とアメリカが北方限界線を設定し、北朝鮮は1999年、海上軍事境界線を発表した。両者に重なり合う部分がある。どちらかが自己の権利を主張し、この地域で演習など公権力を行使すれば相手国は領海侵犯と主張する。紛争が発生する可能性が高い。この微妙な地域に延坪島周辺海域がある。

さらに12月18日、韓国中西部沖の黄海で、違法操業中の中国漁船が、韓国警備船に体当たりし、転覆した。乗組員10人のうち1人が死亡、1人が行方不明となった。黄海では、韓国の排他的経済水域内で違法操業する中国漁船が後を絶たず、事件当時も約50隻の中国漁船が違法操業していた。

こうして東アジアでは領土問題を軸にして緊張が生じた。この領土問題を日本が軍事的に解決できるか。尖閣諸島の問題を見てみたい。

2010年10月3日「産経ニュース」は尖閣諸島防衛の日米共同演習の計画を報じた。第1段階では、尖閣諸島が不法占拠された場合を想定し、日米両軍で制空権、制海権を瞬時に確保した後、尖閣諸島を包囲し中国軍の上陸部隊の補給路を断ち、兵糧攻めにする。第2段階は、圧倒的な航空戦力と海上戦力を背景に、日米両軍の援護射撃を受けながら、陸上自衛隊の空挺部隊が尖閣諸島に降下し、投降しない中国軍を殲滅する。

しかしこの計画を実行することは不可能である。1点だけ指摘してみたい。

2010年11月4日付ワシントン・タイムズ紙は、「米議会の諮問機関・米中経済安全保障再考委員会は近く報告書を発表するが、そのなかでは、『危機時において中国は6つのアジアにおける米軍基地のうち、グアムを除く他の5つ、日本の嘉手納、横田、三沢の各基地と在韓基地2つを機能不全にすることができる。嘉手納、横田、三沢の3基地は80の中距離・短距離弾道ミサイルと350の地上発射クルーズミサイルで倒される』と指摘されている」と報じた。

中国によるミサイル攻撃で在日米軍基地は一瞬にして使用が不可能になる。これに対する防御は現状ではほぼ不可能とみてよい。いかに優れた航空機の数を揃えても、基地が機能麻痺になれば、利用不可能である。ここで米軍と中国の戦闘機の性能を比較する必要がない。産経ニュースの報じた「日米両軍で制空権、制海権を瞬時に確保後」云々は、空については、在日米軍基地の脆弱性を考えるとほぼ不可能である。

では海上はどうであろうか。ＣＮＮ（アメリカのケーブルテレビ向けのニュース専門放送局）は２０１０年10月22日、「海上自衛隊の潜水艦が今後４年間で６隻追加され、現在の16隻から22隻になる見通しである」と報じた。日本周辺の米国潜水艦数は数隻といわれている。他方中国は８隻から10隻の原子力潜水艦と50～60隻の潜水艦をもっている。その上、制空権は簡単にとれない。これだけみても「制海権を瞬時に確保」は無理である。つまり、日米が協力しても、尖閣諸島を守りきることは難しいのである。

以上、尖閣諸島の防衛が軍事的に困難な面をみた。

これに加えて、中国が米国に対して大量の核兵器で攻撃できる状況になれば、中国の核兵器に対して、日本を守るとされる米国の「核の傘」は実はない。「核の傘」とは、仮に中国が日本を核兵器で脅すと日本は米国に支援を頼み、これを受け米国が中国に、日本を攻撃したら米国は中国に核攻撃すると告げ、中国の核攻撃を阻止する、というものである。しかしこれに対して中国は、それなら自分は米国本土に報復攻撃すると言うだろう。米国は日本を守るために自国が破壊されるという選択をおめおめ取るはずはない。かくして「核の傘」なるものは、中国が米国に対して大規模に核攻撃できる可能性がある限り、実質上ないも同然なのである。

さらに、上述のように「米軍基地が80の中距離・短距離弾道ミサイルと３５０の地上発射クルーズミサイルで倒される」可能性をみたが、80の中距離・短距離弾道ミサイルと３５０のクルーズミサイルは在日米軍基地のみならず日本本土を全て攻撃しうる。

これらを総合すると、台頭する中国の軍事力に対して、日本には軍事的に対応する選択肢はない。だとすれば、平和的に処理し相互に発展する道を模索する他に、道はない。

大戦後のドイツ—フランス関係に学ぶ平和への道

では、平和的に相互に発展する道をどう構築したらよいのであろうか。第２次大戦後のドイツとフランスの関係がわれわれの参考になる。

ドイツとフランスは第１次大戦と、第２次大戦を戦った。この戦争を戦う原則は次のものに代表される。クラウゼヴィッツ（プロイセン王国の軍人）は『戦争論』で「戦争とは相手にわが意志を強要するための力の行使であり、敵を無力化することを目標とする」と述べ、またモルトケ（プロイセン王国の参謀総長）は「戦争では敵国のあらゆる戦力の根源、経済力、国家の威信すらも奪取することを目指す」としている。

しかし、第２次大戦以降、両国は「いかにしたら再び戦争をおこなわないことが達成できるか」を真剣に考えた。仏独はヨーロッパ石炭鉄鋼共同体条約（１９５２年）を契機に、「憎しみあい」から「協力による実利」に移行した。両国を始めとする欧州諸国は協力の分野を石炭・鉄鋼分野から次第に拡大し、ついには93年、ＥＵを形成するに至った。

米ハーバード大学のジョセフ・ナイ教授は『国際紛争』で興味深い対比をおこなっている。検討対象は「リアリズムと複合的相互依存関係」である。

教授はリアリズムの特徴を、①国家が主体であること、②軍事力を優越的な手段とすること、③そして安全保障を確保することが国家の最も重要な課題である、とした。

これと対比されるのが「集団的相互依存関係」である。この関係では以下の３項目が特徴になる。

①行動の主たる主体は国家に限られず、ＥＵのように国家間で構成する国際機関でありうる。

②手段では軍事面は大きく後退し、経済関係、社会関係、政治関係等非軍事が関係構築の主体となる。

③目標も安全保障に限定されず、経済・社会。環境等広範に緊密な関係を作ることを目指す。

つまり上述のリアリズムに代わり、その特徴の全てを逆にすることが可能であり、それを「集団的相互依存関係」と特徴付けしたのである。そして教授は、リアリズムと複

リアリズム ←――――――――→ 複合的相互依存

イスラエル／シリア	米国／中国	アメリカ／カナダ
インド／パキスタン		フランス／ドイツ
(戦争の可能性あり)		(戦争の可能性なし)

図１　リアリズムから複合的相互依存に至る分布の図解

リアリズム ←――――――――→ 複合的相互依存

アメリカ／カナダ（1814年武力衝突）	アメリカ／カナダ(今日)
フランス／ドイツ（第１次、第２次大戦）	フランス／ドイツ(今日)

図２　リアリズムから複合的相互依存への到達を時間軸でみる
(孫崎が追加)

合的相互依存関係についての興味ある図を示した（図1）。

筆者はこれに時間軸を加えた図2をつくってみた。

今日アメリカ・カナダ関係やフランス・ドイツ関係は「複合的相互依存関係」として互いの戦争は考えられない状況にある。ここで重要なことは、「複合的相互依存関係」は自然に発生したものではない。フランスやドイツの政治家や実業家等が英知を絞り、意識的な努力をおこなうことでできたものである。こうした努力がなければ、フランス・ドイツは依然第2次大戦前の状況でいつ戦争してもおかしくない状況が続いていただろう。

こうみると、日本や中国が東アジアに構築すべきは、第2次大戦後のフランスとドイツのような関係である。では中国はこうした関係をつくるのに利益を見出すであろうか。この点については拙書『日米同盟の正体』（2009年、講談社現代新書）で考察したが、下記にその要点を記載したい。

軍事より経済抑止力を

今日、いかなる国家も国民の支持なしには国家運営はおこなえない。その際、国民の生活水準を向上させることが、つねに求められる。劇的であると慢性的であると、いかなる政権も生活水準の悪化には耐えられない。これは、日中関係を考えるときも重要なポイントである。

仮に中国が日本を軍事攻撃したとすると、中国自身甚大な経済損失を被る。軍事攻撃に出ると当然相手国との経済関係が途絶える。中国の対日輸出額は2009年で978億6766万ドル（約9兆3000億円）であり、これは中国の輸出全体1兆2016億ドル強の約8％に相当する。9兆円もの対日輸出に壊滅的な影響が出るのである。こうした事態が数年続くと数十兆円になる。さらに、国際社会が無謀な攻撃をおこなう国に経済制裁をおこなうことを考慮すれば、中国自体が被る経済的マイナスは右の額をさらに超える規模になる。この経済悪化に中国の企業、国民が耐えられないことは明らかだ。

こう考えると、抑止力というものは軍事に限らないことに思いを致すべきである。即ち、日本が近隣諸国と緊密な経済関係を構築し、相手国の企業、国民大衆がこの経済関係に死活的利益を見出す状況を築くことが大切である。この利益が否定されれば、中国指導部が揺さぶられることは間違いない。日本自らが軍事的な抑止力を発揮するのではない。軍事攻撃には、攻撃した国自身の経済への打撃を受けるという代償を覚悟しなければ、という意識を形成させる。つまり緊密な経済関係を構築するという〝迂回手段〟で大きな抑止効果を生み出すことができるのである。

米国国防省年次報告「中国の軍事力2008年」も、ほぼ同様の見解を示している。

「中国においては、政権の生き残りが中国の戦略的展望を形成している。中国共産党は政権の正統性の基盤として、経済的な成果とナショナリズムに依存してきた。しかしそれぞれが危険性をはらんでいる。

中国政府は世論を操作し反日デモなどで愛国心をかき立ててきたが、抗議が始まれば制御困難になることに気づいている。

中国の経済成長を維持するために、中国の指導者などは二国間関係及び多国間の政治的協調を世界規模で強化している」

中国指導者にとって、経済的打撃が政権維持のためには極めて大きなマイナス要因となっている。

キッシンジャーは、抑止とは、〝得られる利益とは釣り合わないリスクを押しつけることによって相手にある行動をとらせないようにする試み〟と定義した。彼はこれを軍事の枠組みのなかで考えている。しかし抑止は軍事面のみで達成しなければならないわけではない。経済分野でも攻撃によって得られる利益以上の被害を相手に与える関係をつくっていくのが望ましいのである。

東アジアでの複合的関係の強化こそ日本の針路

本稿の初めに、日本の輸出先は東アジアがダントツなのでわが国がおこなうべきは東アジア内の経済関係をどうするかであると指摘した。そして安全保障を考察するなかでも、東アジアで経済を中心に複合的相互依存関係を推進することが利益であることをみた。

この東アジア共同体には米国は極めて敵対的である。アーミテージ元国務副長官と前述のナイ・ハーバード大学教授の共著『日米同盟vs中国・北朝鮮』には次の記述がある。

「『東アジア共同体』構想に愕然

アーミテージ：我々は長い間、外交対話を通じて『米国は太平洋国家であり、太平洋は我々とアジアを分断するのでなくつないでいる』ことを主張しました。にもかかわらず、鳩山氏は中国の胡錦濤国家主席と並び立って、どうやら『米国を含まない共同体』について語っていたようでした。

ナイ：米国だけでなく、豪州、ニュージーランドなどを除いた形での共同体は中国に席巻されてしまいます」

米国ではこのアーミテージ、ナイの発言を含め、東アジア共同体に対していくつかの批判がある。

①日本は海洋国家であり、大陸国家の中国と連携するより、海洋国家の米国と連携するほうが自然である

②日本は民主国家であるが中国は共産国家であり、連携は無理である

③東アジア共同体は所詮、中国の支配する機構となる

しかし、海洋国家、大陸国家という概念よりは現実の交流の度合いがはるかに重要である。この点2009年の時点で日本の東アジアへの輸出は米国の3倍である。したがって経済的にはこの関係をより重視するのは自然である。

経済関係でみれば、体制の違いは関係強化に何ら障害となっていない。潜在的対立をかかえているからこそ、複合的協力関係をつくり、両者の対立を少なくしていくことが重要である。

経済的関係は相互の利益を最大にすることを目指す。現在EU諸国でオランダやベルギーなどの中小国はEUの強化を望んでいる。中小国にとっては圧倒的に強い国に1対1で臨むより、多国間で臨む方がはるかに大国のエゴを抑えられるとみているからだ。それは国際政治の世界で、中小国が国連を重視し、大国ができるだけ国連の枠外で行動しようとすることと同じである。

こうしてみると、純経済的にみても、安全保障の観点からみても、今、日本のとるべき対応はTPPへの参加ではなく、東アジアでの経済を中心とする複合的関係を強化していくことにある。

（まごさき　うける）

ＴＰＰは日本国民の金融資産の簒奪をねらうアメリカ仕立てのトロイの木馬だ

日本金融財政研究所所長　菊池英博

1　事実を隠して危機を煽る菅首相とマスコミ

「ＴＰＰに参加することが平成の開国だ」と菅直人首相は叫ぶ。しかし日本の関税率の低さや自由化の推進をみれば、想像を絶する錯覚または錯誤である。「日本は財政危機だ、ギリシャのようになる」とする錯覚・錯誤と並んで、一国の首相として事実に対する基本認識が極端に不足しているといわざるをえない。また、全国紙や全国ネットのテレビ等のマスコミも、こうした錯覚・錯誤を支援し、「反対すれば抵抗勢力」と、国民騙しに使った小泉首相と同じ手法で国民をマインドコントロールにかけ、ＴＰＰ賛成のムードづくりに躍起になっている。

政府・マスコミが一体となって正しい情報を隠したまま（あるいは不勉強で知らないまま）、国家の盛衰を左右する重大な政策が決定されようとしている。これは戦前の日本が、国民を騙して「戦争へ！戦争へ！」と駆り立て、３００万人の戦死者を出したのと同じ手法であり、極めて危険な事態である。

ＴＰＰの本質については、①小国4カ国の自由貿易協定にアメリカが悪乗りしたもので、その実体はアメリカの日本への要求であること、②ＴＰＰはアメリカの雇用増進策であり、日本の雇用を奪うものであること、③全輸入品目の加重平均でみた関税率はすでに日米とも２・０％で、世界で最も低いこと、④韓国はＴＰＰに反対でアメリカとＦＴＡを締結、中国はＴＰＰに参加するつもりはなくこれを無視していること、⑤日本の食料自給率は40％（先進国中最低）で、食料安全保障の危機につながること、などを即座に指摘できるが、これらについては、本書に先立つ『TPP反対の大義』(2010年12月、農文協)や、本書の他の論者の議論にゆだねる。

そこで本稿では、アメリカによる「日本潰しの戦略の重要な軸」の一つともいえる金融面に絞り込んでTPPに光を当て、TPPが日本国民の多額の金融資産を収奪しようとする日本経済の破壊策であることを明らかにしたい。

2 TPPは米国の「対日年次改革要望書」の更新版だ

菅総理が突然協議開始を表明したTPPの話がいつ、どのように日本に持ち込まれたのかも不明なら、その内容がどういうものであるかもよくみえないが、2011年2月に表に出された「日米経済調和対話」の資料はアメリカが求めるTPPの中身を色濃く反映しているとみてよいだろう。その「対話」の存在もごく最近明らかにされたものだが、その資料をみると、TPPを利用してアメリカは、本来の貿易協定による関税引き下げばかりでなく、情報・通信、日本郵政、保険、運輸、農業、医療、その他、さまざまな分野で、具体的な対日要求を突きつけようとしていることがわかる。

これはまさに、アメリカの「日本改造計画」に沿ってアメリカが過去15年間、毎年継続して出してきた「対日年次改革要望書」の更新版にほかならない。アメリカの「日本改造計画」とは何か。それは新自由主義・市場原理主義に従って日本の経済社会体制、日本人の思考様式や裁判制度までをアメリカ型に改造しようという計画である。日米貿易摩擦が激化した1980年代に始まったこの計画は、90年代初頭のソ連の崩壊と冷戦の終結後、ソ連に代わる脅威となった経済力の強い日本に対する日本潰しの計画であった。アメリカは1993年の宮澤・クリントン会談での決定事項として、1994年以来2008年までの15年間、日本に「対日年次改革要望書」を送りつづけ、その要望の実現を強く求めつづけてきた。

そのような「対日年次改革要望書」の存在を、日本の政府は国民にひた隠しに隠してきた。国会でその存在を政府が正式に認めたのは、2009年の衆議院予算委員会での下地幹郎議員(国民新党)の質問によってである。その「要望書」には、アメリカの国益にもとづく具体的な要求が遠慮会釈なく書かれており、日本の国益に反するものが少なくない。

2007年にアメリカから日本に向けられた要望書によると、①通信、②情報技術、③医療機器・医薬品、④金融サービス、⑤流通、と多くの分野にわたり、これらの産業分野に関する法律、規制、制度など、かなり立ち入った点まで具体的に要望されている。各分野に共通するのは、日本国内で、競争の促進（独占禁止法関連の管轄を、政府から独立した公取から内閣府に移せ）、商法・司法制度の改正（会社買収の簡略化、裁判員制度、検察審査会での２度目の起訴議決で強制起訴とする法律を制定、２００９年５月法制化）、民営化（郵政公社の民営化）等々の項目が並んでいる。

これらの要求は日本国家の三権（立法・行政・司法）に関わる問題であって、「カイカク」という名のアメリカによる「日本の法制・システムの変更要求」は、日本の国家としての独立性を問われるような問題であるといってよい。

このような内政干渉ともいうべき「カイカク」を列挙すると、以下のとおりである。

①人材派遣の自由化（１９９６年、２００２年）、②大規模小売り店舗法（大店法）の廃止、③建築基準法の改正、④商法改正（国境を越えた企業買収における三角合併の認可）、⑤法務制度改革（陪審員制度設定要求、外国人弁護士の活動範囲の拡大）、⑥公正取引委員会の強化（内閣府で取り組む、談合の摘発、罰則強化・検察権限付与）、⑦郵政公社の民営化、⑧日本の医療システムの破壊と市場原理型医療の導入要求（混合診療の自由化、医療の国家負担の縮小。これが実現したのが２００６年６月「医療改革法」の制定）。

菅首相は「『ＴＰＰ』という言葉を初めて聞いたのはいつか」という参院予算委員会での質問に対し曖昧にしか答えておらず、前原誠司前外相は「自分の知る限りアメリカからＴＰＰ参加要請を言ってきたことは一度もない」と衆院予算委員会で答えているが、仮に前原前外相が本当に聞いていないとしても、状況からいって、ＴＰＰはアメリカが日本に突きつけた「対日年次改革要望書」の２００９～２０１０年の更新版であることは明白である（「対日年次改革要望書」は２００８年10月のものが最後で、その後出されていなかったが、それが、２０１０年11月から前述の「日米経済調和対話」という枠組みに切り替えられたことが、ごく最近、２０１１年２月に明らかになった）。

３　アメリカの「富の収奪」の要望に、小泉、竹中、マスコミはいかに迎合したか

「日本は冷戦のときに漁夫の利を得て、多額の金融資産を溜め込んだ。それをアメリカに吸い上げたい」というのが、財政赤字と貿易赤字に悩むアメリカの、日本への強い要望である。まさに日本国民の「富の収奪」（ノーベル経済学賞受賞者で米コロンビア大学教授のジョセフ・スティグリッツ）である。そのためにアメリカは日本に以下の３項目の実行を求めてきた。

①日本は緊縮財政をおこない、米国債投資を増やすこと、

デフレは継続すること（日本の預貯金を日本で使わせないで米国債へ投資させるねらい）。

②世界でも有数の資金量を誇る郵政公社を民営化して、それをアメリカ資本が買収すること。

③併せて民間の大手金融機関の体力を弱体化させて外資に買収させること。

これらの要求は、以下に見るように、2002年から始まった小泉構造改革で、アメリカの意向に忠実に沿って進められた。

（1）国内から91兆円召し上げて米国債など海外投資に振り向けた小泉構造改革

第一に、2002年から始まった小泉内閣構造改革の基本方針は緊縮財政政策であり、その結果、その前年01年を含む08年までの8年間で国内から91兆円を絞り上げて、海外投資に回したり米国債の購入に充てたりしている。

図1「日本の資金循環」をご覧いただきたい。この図は国内での資金循環を表しており、2000年に家計（個人）の金融資産は1440兆円あって、これが個人・企業・政府で使用され、残りの134兆円が海外投資に回っている。8年後の08年では、家計の金融資産は1420兆円となって8年前の1440兆円とほぼ同じであるのに、海外投資分は225兆円と、91兆円の増加となっている。つまり、この間の8年間で、家計の金融資産はほぼ同じであるのに、国内に向けるものは91兆円弱圧縮し、その分、海外投資へ向けられたのである。

この海外投資の増加分91兆円は、02年度から始まった小泉構造改革で、地方交付税・地方交付金と公共投資を削減する緊縮財政をとり、財政支出を削減することで生み出された。2000年度の財政支出額を基準として01年度から08年度までの8年間を見ると、交付税交付金では累計で47兆円、公共投資では累計で13兆円、合計で60兆円を地方から召し上げた。さらにその期間に、米国債への投資を30兆円強増やしており、これらの合計91兆円が国内から召し上げられて、アメリカを中心とする海外へ回っているのだ。

地方交付税や交付金、国庫支出金などは、日本国内のどこに生まれてもどこに住んでいても、同じ公共サービスが受けられるようにするという国家理念からきている。ところが構造改革による緊縮財政によって、地方と国との資金循環が断ち切られ、地方では金が不足してデフレが深刻化し、不況のなかで多くの地域が「10年ゼロ成長ないしマイナス成長」になり、銀行の不良債権が増加。また、本来は、教育、医療、福祉などの公共的な施設や事業にむけられるはずの交付税や交付金等が削られ、社会的共通基盤の脆弱化がすすんだ。

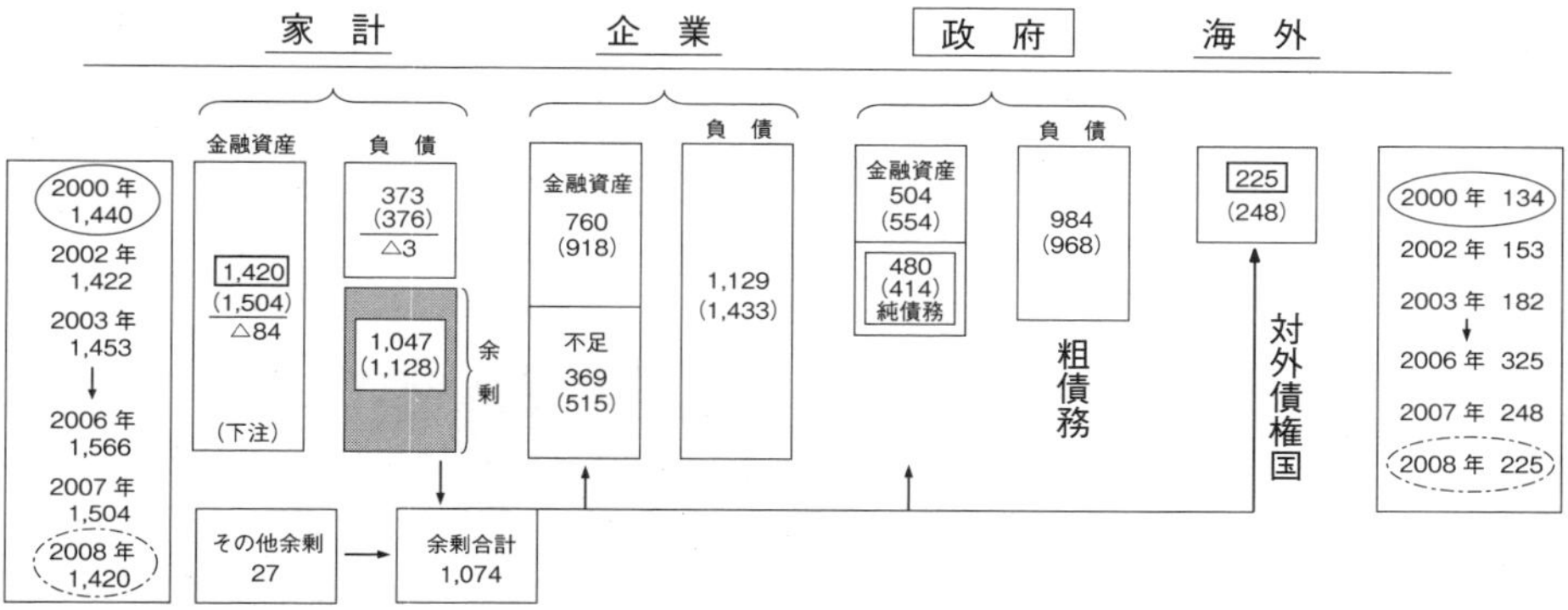

出所：「国民経済計算 2010」（内閣府）。（　　）内は 2007 年末。
注：2008 年末の家計の金融資産は 1,420 兆円で、前年比で 84 兆円減っている。主な内訳は「株式・出資金」でマイナス。

〔2000－2008 年の金融資産の利用状況〕　（ ）内は 8 年間の増減

	家計	国内での利用	海外流出
2000 年	1,440	1,306	134
2008 年	1,420（△20）	1,195（△111）	225（+91）

・自公政権の「構造改革」8 年間で、家計の金融資産の国内での運用を 111 兆円減らして、海外投資を 91 兆円増やした。
国内の圧縮分が、国内経済を極度に疲弊させ、税収激減を招いた。

図1　「日本の資金循環（金融資産）」2008（07）年末（暦年）　（兆円）

公共投資もまた、不況のときにこれを減らせば、景気が一段と悪くなり、税収が激減するのは常識である。経済常識のイロハに反する政策をおこない、公共投資の削減額の3倍の税収減を招き、そこまでして貿易赤字と財政赤字に悩むアメリカに金を回したのが、小泉内閣の構造改革だった。

（2）郵政民営化は米国資本による買収がねらい

第二は、郵政民営化である。郵政公社は、２００８年９月に、政府が株式を１００％保有する「日本郵政会社」に移行し、その株式は２０１０年から民間に売却される予定だった。米国資本は総資金量３００兆円にのぼる「ゆうちょ銀行」と「かんぽ生命」を一挙に買収する計画を立て、投資銀行ゴールドマン・サックスが幹事証券に決まっていたという。

しかし２００９年8月30日の衆議院選挙で、民主党・国民新党・社民党の三党連合が勝利し、同年12月に日本郵政の株式と資産の売却凍結法が施行されたのである。さらに「新郵政改革法」案が組成されて、２０１０年６月に衆議院で可決したが、参議院に回って審議に入る前に参議院選挙に入り、廃案となってしまった。

もし売却凍結法が施行されず、そのまま進んでいたら「ゆうちょ銀行」と「かんぽ生命」の株式は短期間に米国資本に買い占められ、明治以来のわが国国民の郵便貯金と簡保資金が海外に流出して日本国民のために使えなくなるだけでなく、旧郵政公社の不動産と同様、公社時代から蓄積しておいた積立金や利益準備金までもが配当として海外に持ち去られてしまったであろう。

新郵政改革法は民主党・菅首相と国民新党・亀井代表との約束で、２０１１年度の通常国会で成立させる予定である。その法案では、政府は3分の1の株式を保有することになっており、しかも運用面では国内の地域開発や民間との協調融資などに運用範囲を広げてゆく方針になっている。米国資本による買収、強奪を防ぐため是非とも成立させるべきである。

ここで図2「日本国債の所有者別内訳」をご参照いただきたい。２００９年9月末でみると、日本郵政会社は日本政府の発行済み国債の33・2％（２２６兆円）を保有している。もし日本郵政が米国資本に買収されると、その資金運用を日本国債から米国債中心の運用に変更するだろう。そうなると、日本は国債の借り換えや新規発行の資金が不足して政府の資金調達がむずかしくなり、日本の財政が破綻するだろう。

また市場では、国債価格が下落して長期金利が上昇する。銀行等（預金取り扱い金融機関）は、評価額が１００兆円を超える国債を保有しており、長期金利の上昇は国債の評価損の増加と銀行の自己資本の減少を招き、その結果、貸し渋り・貸しはがしが蔓延することが予想される。

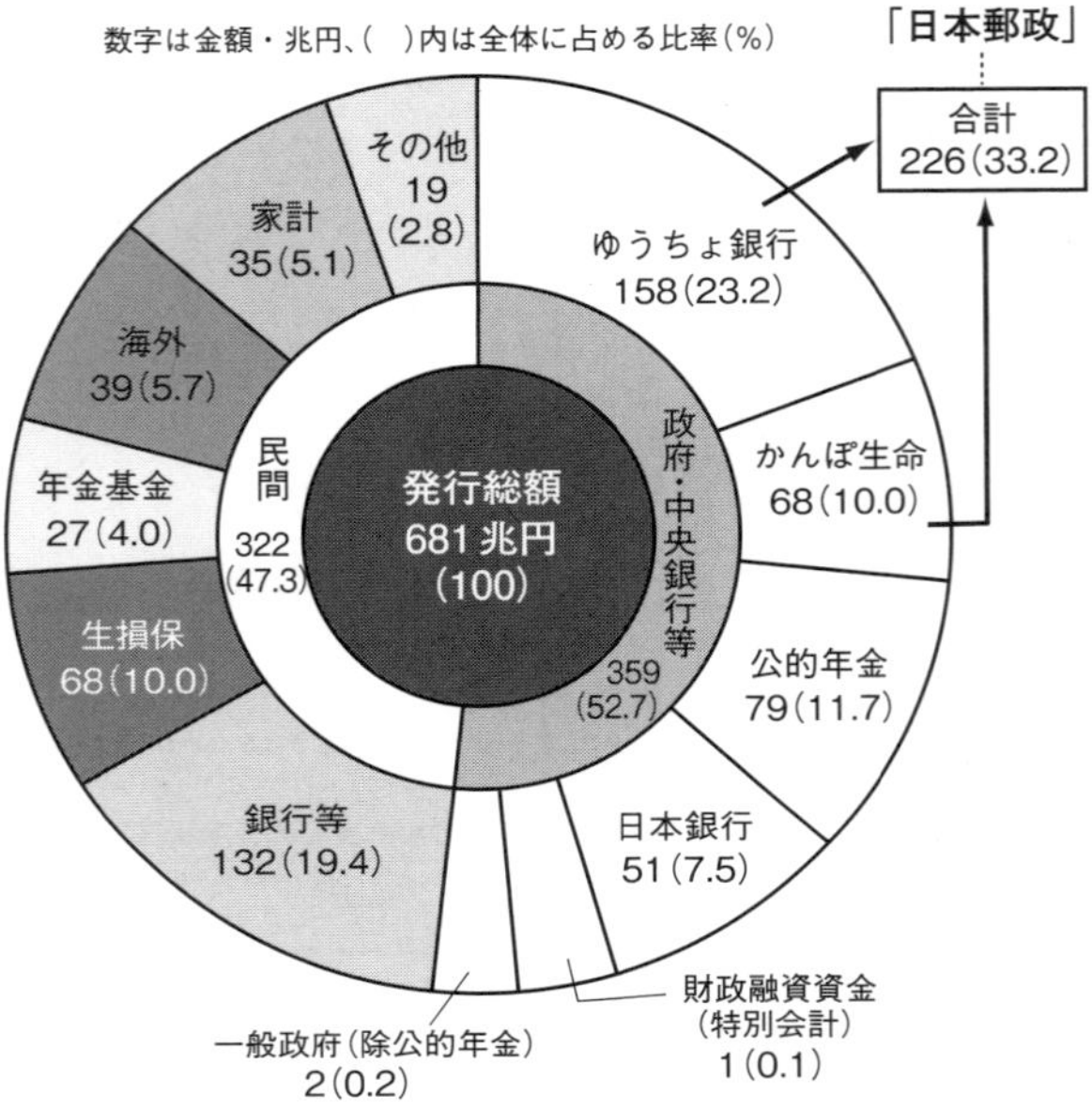

図2　日本国債の所有者別内訳（2009年9月末現在）

出所：日本銀行資金循環表から作成。
注：「ゆうちょ銀行」「かんぽ生命」の国債保有額は「日本郵政」の発表による。
数字は四捨五入のため、合計額は全体と一致しない。
円グラフの面積は見やすくするため実割合と少し違えてある。

こうした点からみても、日本郵政の株式を米国だろうとどこだろうと外資に握られないよう、また運用を外資に握られないよう、最大の注意が必要である。日本郵政会社の貯金・かんぽ保険料は、われわれ日本国民の資産であり、その運用は外資のためではなく、日本国民に還元する方針を維持すべきである。

ＴＰＰに絡んで　アメリカが日本郵政の運用に関与させてくれと言ってきているのは、その資金を米国債購入に回せと言っているのと同義である。そうなれば日本国債に穴が開き、国家財政が破綻に追い込まれるのは必定である。

(3) 日本の金融機関の体力を弱体化させて買収すること

ＵＦＪ銀行を意図的に潰した金融庁

第三は、日本の金融機関の弱体化と買収である。２００４年３月期決算で起きた「前代未聞の金融庁による大手銀行潰し」がこれに該当する。

当時、日本では、すでに大手銀行の合併が進み、集約化が進んでいたが、当時の金融庁は、小泉デフレ政策で日本経済の疲弊感が強まるなかで、時価会計と減損会計を駆使して銀行の資産を洗い出し、不良債権をどんどん増やし、増えた不良債権の処理としては融資先企業をつぶして貸し出しを償却するか、貸倒引当金を積み増しさせることによって銀行の自己資本を毀損させるようにした。小泉・竹中による前代未聞の大手銀行潰しである。

そこで、とくに不動産関連融資が多かったＵＦＪ銀行が狙い撃ちされ、倒産したら外資に安く売るか、分割して国内の銀行に譲渡しようとしたのだった。当時の市場では、ＵＦＪ銀行の株式が売り込まれていることもなく、預金が引き出されることもなかった。ただあるのは、金融庁からの倒産圧力、「行政リスク」だけであった。

金融当局が意図的に潰しにかかったのである。そのために、金融庁自ら、ＵＦＪ銀行の資産内容が悪化していることをマスコミに流していたようだが、これを感知したＵＦＪ銀行は、行政リスクを回避し、八つ裂きに遭う前に東京三菱銀行に駆け込み、合併を願ったのであった。

日本の大手銀行が外資に買収されれば、外資は多額の資金を手に入れて、その資金を海外で活用できる。しかし日本の預金者から見れば、日本人の預貯金をわれわれ日本国民に使う道が閉ざされてしまうのである（以上、詳しくは拙著『実感なき景気回復に潜む金融恐慌の罠』２００７年、ダイヤモンド社、を参照いただきたい）。

政府・マスコミ一体になってのアメリカへの迎合

このようなアメリカによる「富の収奪」というべき要求に、なぜ日本は、自らすすんで応じるのか。上坂郁氏（ジャパンエコノミックバルス副社長）は、日本の不良債権処理を加速すべしという、ブッシュ大統領から小泉首相宛ての親書の存在があったことを、複数の日米有力金融筋から聞いた話として紹介している（「日米首脳会談で米大統領が〝最後通牒〟金融行政を痛烈批判した大統領『新書』」『金融ビジネス』2003年1月号、東洋経済新報社）。

この論文で上坂氏は、日米首脳会談の議題にもふれ、一つは、問題企業を破綻に追い込み、それをアメリカの金融ビジネスに結びつけることをねらいとした「不良債権の出口論」、もう一つは、米国債の売却自粛が議題にされ、議論されたと述べている。また、このようなアメリカの一方的な要求を小泉首相がのんだ裏には、アメリカが時期尚早とした小泉首相の北朝鮮電撃訪朝（02年9月）の問題でより大きな譲歩を強いられた形になった可能性があると書かれている。

上坂論文以外でも、アメリカが1995年から要求してきたのは、前述の郵政システムの民営化であり、これが国会で否決されるや、小泉首相に解散をしろと命じたのがアメリカであったと仄聞する。

アメリカに迎合するのはマスコミもまた同様である。05年9月11日の郵政選挙は、アメリカの強い支援で大手マスコミに数千億円から1兆円の援助資金が流れて、「官から民へ」の大宣伝を煽り、小泉自民党を支援したといわれている（森田実『崩壊前夜』2008年、日本文芸社）。

このたびのTPPでの金融面でのアメリカの要求は、日本の金融資産の運用先をアメリカに任せろということであり、その前提として、米系外資は日本の金融機関の買収や資本参加に乗り出すであろう。日本の国益に反する外資の行動は、きっぱりと拒絶すべきである。

4　急がれる外資による大手銀行の株式保有の制限

銀行の、外資の持ち株比率が70％に達した韓国でおきていること

大手銀行は基幹産業との関係が深く、もし外資に買収されれば、日本経済の根幹が脅かされることになる。それは日本の隣国である韓国をみればよく理解できる。

1998年に発生した東アジア通貨危機に遭遇した韓国では、外貨不足のためにIMF借款に頼り、そのためIMFの指導のもとで経済体質の改善策がすすめられた。同時に銀行の集約化がすすみ、5大銀行のうち4大銀行までが、外資による持ち株比率が70％前後に達し、外資が大手銀行の経営方針を決めている。その結果、韓国では長年、雇用重視の経営政策がとられてきたが、外資が株主となった現状では、解雇が自由となり、国民は安定した生活ができなくなってきたといわれている。われわれ日本も、こうした事態にならないよう十分な注意が必要である。

日本の企業の外国企業による買収（直接投資による企業の買収）については、外国企業が日本企業の株式を10％以上（上場企業の場合）取得する際、政府への届出が義務づけられ、買収対象企業の技術が外国に流出し、日本に危険が及ぶと判断すれば、経済産業相や財務相は計画の変更や中止を勧告・命令できるとなっている。しかし、届出の対象分野が限られているのが問題で、経済産業省では、届出の対象拡大が検討されている。

自分は厳しい外資規制をおこなっている米国

さて、日本の大手銀行ではここ2～3年、外資の株式保有比率が急速に増加している。早急に「金融システム整備法」を制定して外資による大手銀行の買収を禁止し、また、「外資による国際基準行の株式保有は40％を限度とする」と明記した「外国資本による銀行株式保有制限法」（仮称）を制定し、外資による国際基準行の株式の売買に関しては、連日、金融庁へ報告させることを義務付けるようにすべきである。

そのような規制を厳しくおこなっているのが、実はアメリカだ。アメリカは外資の導入が自由な国と思われているが、国益に反する外資導入は厳しく規制され、案件はすべて議会で審議され、厳格に適用されている。１９７８年9月に「国際銀行法」が制定され、銀行については、外資の進出に一定の枠がはめられた。しかし、「これだけでは不十分である」という議会の懸念が強く、今日では、対米直接投資全般にわたって、いっそうの監視体制を強めているのである。

おわりに
——ＴＰＰ参加は百害あって一利なし

ＴＰＰは小泉構造改革をはるかに上回るアメリカの日本破壊政策であり、最近まで人びとに知られていなかった、日本への内政干渉ともいえる「対日年次改革要望書」の再現である。小泉構造改革で日本は極端に疲弊しており、デフレ脱却に全力を尽くすべき現在の日本では絶対に受け入れるべきではない。

関税の面だけを見ても、日米両国で完成品の関税をゼロにしても、日本の対米輸出はほとんど伸びないであろう。日本の製品は、関税があっても、いいものはどんどん伸びている。農産物については、日本の自給率が40％を割っている以上、これ以上自給率を下げるべきではない。牛肉などの個別交渉に委ねるべきであって、包括交渉は日本にはなじまない。

ＴＰＰ参加は百害あって一利なしである。日本がこれ以上弱体化することは、同盟国アメリカにとってもプラスにはならないのではないか。

（きくち　ひでひろ）

郵政民営化とTPPは同根だ

郵政民営化が狙った「簡保」と同様、いまアメリカは「共済」も狙っている

ジャーナリスト　東谷　暁

金融と投資、なかでも簡保の完全民営化がアメリカの最大の狙い

２０１１年1月18日、自見庄三郎郵政・金融担当相は記者会見のさい、同月13、14の両日おこなわれた「日米貿易フォーラム」でアメリカ側から政府の郵政株保有を問題視する発言があったことについて、「郵政問題がＴＰＰへの参加条件であるかのように伝わったが、日米二国間の問題として提議されたもので、ＴＰＰに関わる文脈ではない」などと説明した。

しかし、同日の「日米貿易フォーラム」は、日本のＴＰＰ参加を前提として開催されたもので、アメリカの問題提議がＴＰＰに関わるものでないと述べるにはあまりにも無理がある。自見大臣の発言は、ＴＰＰ参加に反対を唱えている国民新党から入閣している、自身の苦しい立場を浮き彫りにしただけのことだった。

霞が関の官僚や評論家の一部にも、郵政民営化見直しとＴＰＰは別の問題だと発言する人たちが存在する。しかし、この二つは切り離すことなどまったく不可能である。ＴＰＰに参加してしまえば、ほぼ自動的にいまの連立政権が進めてきた「郵政民営化の見直し」はすっとんでしまうだろう。

これから述べるように、今回のＴＰＰでアメリカ側が最も関心をもっているのは「金融」と「投資」であり、なかでも簡保の完全民営化への期待は大きい。しかも、たとえ日本側がＴＰＰと郵政問題は別だといっても、ＴＰＰに参加してしまえば、アメリカはＴＰＰの市場アクセス条項や内国民待遇条項で市場の開放を迫ることができるのである。

自見発言は奇妙なものだが、そもそも、今回のＴＰＰに参加するという菅直人首相の表明も唐突で不自然だった。その後、前原誠司前外相が「農業などの第一次産業はＧＤＰの１・５％にすぎず、この１・５％が残りの98・５％を犠牲にしてきたのではないか」と発言したが、これも誤解を生む不正確きわまりないものと言うしかない。

前原前外相や財界および経済マスコミは、意図的に「農業対日本全体」という構図をバラ撒くことで農業をスケープ・ゴートに仕立て上げようとした疑いが濃厚だが、まさに前述の日米貿易フォーラムを通じてアメリカの意図が明らかになるにつれて、こんな議論は意味をなさないことが明らかになった。

アメリカとの情報交換の後にそそくさとつくられた、日本政府の「ＴＰＰ　24作業部会」の構成を見れば、農業は「市場アクセス（農業）」として位置づけられているが、それは20を超える作業部会のひとつにすぎず、他にも工業、繊維・衣料、政府調達、知的財産、電気通信など多くの分野が並んでいる。

オリジナルＴＰＰにはなかった〝アメリカンＴＰＰ〟の新たな条項
——狙われる１２０兆円の庶民保険

もともと、ＴＰＰは小さな４カ国が集まってつくった、ささやかな地域経済協定にすぎなかった（以下、オリジナルＴＰＰ）。それが、２００８年にアメリカが参加を表明することによって変質した。オリジナルＴＰＰの条文にはなかったが、この24作業部会になって登場した項目を見れば、アメリカが本当に狙っている分野が炙り出されてくる。その分野とは、「金融」と「投資」にほかならない。

読者の中には「金融」と「投資」は、アメリカが１９９０年代以降、「年次改革要望書」や「日米投資イニシアティブ」などで、多くの妥協を日本に迫ってきた分野だったことを思い出す人も多いだろう。アメリカは金融ビッグバンを日本に要求し、また、小泉政権時代には郵政民営化と三角合併の解禁という形で目的の一部を実現した。この経緯は、関岡英之氏の『拒否できない日本』（２００４年、文春新書）や『奪われる日本』（２００６年、講談社現代新書）が詳細に分析しているとおりである。

ことに「金融」のなかでも、郵政の簡易保険がアメリカの最大のターゲットであったことは、関岡氏が右の『奪われる日本』のなかで次のように述べている。

「要するに、米国にとって民営化はゴールではなく、簡保を弱体化させ、最終的には分割、解体、経営破綻に追い込み、Ｍ＆Ａ（企業の合併・買収）や営業譲渡などさまざまな手段を弄して、簡保が擁している１２０兆円にのぼる資産を米国系民間保険会社に吸収させることが最終的な狙いなのである」

簡保はご存じのように一人当たり保険金上限が1000万円であり、保険としては少額だがそれゆえ低所得者も含め多くの国民が入っている。国が暗黙の保証をしているという安心感、さらには民間保険会社の経営危機も手伝って120兆円もの資金が集まった。120兆円といったら約1・5兆ドル、例えば世界最大の保険会社AIG（アメリカ・インターナショナル・グループ）関連会社の運用資産6259億ドルからみても垂涎の的なのである。

郵政が民営化されて以降、日本の簡保は解体されなかったではないかという人がいるかもしれない。しかし、それは金融危機によってAIGが破綻したからなのだ。もし、金融バブルのさいにAIGがもっと慎重な経営を展開していれば、日本の簡保市場は蚕食されていただろう。

いまやAIGはアメリカ国民の税金を投入して「国営」として立ち直りつつあり、いっぽう、日本郵政は民営化の見直しで日本郵政の位置づけを再び変更して公共性を強調し、むしろ、民間保険会社とは異なる経営へと向かいつつあった。これで簡保がアメリカ主導のTPPでターゲットにならないと思う方がどうかしているのだ。

米通商代表部の文書『2010年外国貿易障壁報告書』にも、簡保への政策的配慮こそが「障壁」として次のように記述されている。

「日本の簡易生命保険は依然として、日本の保険市場で支配的な力を維持している。……米国政府にとって重要な目的は、日本の国際的な義務を整合的なかたちで、日本郵政株式会社と民間セクターが同等の競争条件を確保することである。簡保会社と民間の保険会社との平等な競争条件は、競争を促進し、消費者の選択を広げ、資源配分を効率化し、経済成長を刺激するのに不可欠である」

FTAと地域経済協定で権益を追求してきたアメリカ

アメリカはこれまでも、金融を含めたサービスの貿易を推進しようとしてきた。1995年にWTO（世界貿易機関）が設立されて、それまでのGATT（関税と貿易に関する一般協定）を引き継いだ後も、GATS（サービスの貿易に関する一般協定）を確立しようと努めた。これはアメリカの産業構造が、80年代から急速に第二次産業から第三次産業へとシフトしていたことと関係している。

しかし、たとえば「内国民待遇」というルールは、加盟国の企業が他の加盟国内でも、その国の企業より不利な待遇を受けないことを定めるものだが、これはGATTでは認められていても、GATSでそのまま適用することには多くの国が反対した。もし、金融や政府調達が他国の企業に無条件に開放されてしまうと、国内での経済政策が支障をきたしてしまう危険があるからである。

そこでアメリカは、このサービスの貿易における「内国民待遇」をＷＴＯ内で推進するのはあきらめて、ＮＡＦＴＡ（北米自由貿易協定）や他の国とのＦＴＡにおいて実現しようとするようになった。もちろん、アメリカは今度のアメリカ版ＴＰＰにおいても、ＮＡＦＴＡやその他のＦＴＡと同様、金融を含むサービスの輸出を推進しようとしている。

ＮＡＦＴＡという地域経済協定は、カナダ、アメリカ、メキシコを加盟国として94年に発効し、その後、急速に域内の貿易が増加したので成功だったということになっている。しかし、アメリカはよくても、カナダとメキシコにとっても同じように悦ばしいことだったかといえば、必ずしもそうはいえない。

たとえば、カナダは89年、米加自由貿易協定以来、アメリカとの経済一体化が進んだ。とくに農産物の集荷・加工・流通においては、７割から９割がアメリカ系アグリビジネスに乗っ取られ、従来のカナダ農協はその傘下に置かれてしまった。輸出全体の85％、輸入の59％はアメリカに依存している。

メキシコの場合も、農産物輸出の76％がアメリカ向けであり、ほとんどアメリカの畑と化し、逆に安い米国産トウモロコシが流入して国内消費量の３分の１を占めるようになった。さらに、金融を含むサービスの輸入解禁は、メキシコの金融・不動産部門への外国投資が全体の25・３％を支配する結果をもたらしている。

アメリカがＦＴＡを結ぶことによって、その国の農業だけでなく金融にも大きな影響をもたらした例として、米韓ＦＴＡを挙げることができる。日本では日本経済新聞を中心に、韓国政府は農業への補償をすることで輸出を増加させ、アメリカ市場からの利益を勝ち取った好例などと報道されているが、郵政の保険部門がどうなったかはほとんど報じられることはなかった。

アメリカは日本の簡保に比べれば規模の小さな韓国の郵政保険部門の開放を、ＦＴＡの中に盛り込むことに成功した。次の文書は、米韓ＦＴＡの付属文書15のＤといわれるものである。

「韓国郵政によって、公共に提供される保険サービスの規制は、韓国郵政が同国内における同種の民間保険サービス企業に対して優位に立たせることを認めるものであってはならない」

これほどまでに、アメリカの保険業界は新しい保険市場を欲しているということだろう。国民に可能な限りあまねくセーフティネットを提供するのは、その国の政治的な判断にゆだねられるべきである。しかし、アメリカのＦＴＡおよび地域経済協定は、それを許さない。すべての国はアメリカの保険業界に市場を開かなくてはならないのだ。

ちなみに、この数年間、韓国が輸出を拡大してきたのは、２００８年のリーマンショック以来、通貨であるウォンの価値が一時は2分の1にまで下落したため、文字どおりこうした事態を奇貨として輸出攻勢をかけることができたからだ。よく言われるようにＦＴＡをたくさん結んだからではない。

逆に、日本の輸出が振るわないのは、07年のサブプライム問題が顕在化して以来、約30％も円高になったからで、ＦＴＡやＥＰＡは12も締結しており、決してＦＴＡで韓国に後れをとったからではない。こうしたはなはだしい勘違いが、いまのＴＰＰの議論を混乱させているのである。

小泉、竹中の二重、三重のウソ

話を保険に戻すが、これまでも日本政府は幾度となく、アメリカ保険業界の強い圧力に屈してきた。１９９４年から96年にかけての日米保険協議においてもアメリカのＡＩＧのゴリ押しに翻弄された。

日本はアメリカが保険市場の開放を要求してきたとき、暫定措置として第三分野とよばれる癌保険についてはアメリカの保険会社にだけ許可を与えた。その後、ビッグバンが予定されていたこともあって、日本の大蔵省（現・財務省）とアメリカの通商代表部は事務折衝レベルでは合意に達していたが、96年、突如、アメリカは日本の措置を不満として第三分野の市場開放を延期するよう圧力をかけてきた。

規制緩和を要求していたのに、こんどは規制強化を求めてきたのである。クリントン大統領への政治資金額で一、二を争うＡＩＧ会長モーリス・グリーンバーグが、すでに日本国内で既得権利となっていた第三分野の独占的状況を守るため、直接、クリントンに圧力をかけたためだといわれる。

当時の在日大使から橋本龍太郎首相に文書が送られ、始まったのが、日本の三塚博蔵相とアメリカの通商代表部代表代理のバシェフスキーによる政治折衝だが、このとき、グリーンバーグ会長は、日本のホテルの一室に陣取って、自分がクリントンにかけた圧力の効果を確かめていた。

同じくアメリカの保険業界から強い圧力がかかったのが、日本の郵政民営化だった。当時の小泉純一郎首相は早くから郵政民営化を唱えてきたことは知られている。その理由というのが、第一に、すでに宅配便が日本全体をカバーしているから郵便はいらない。第二が、民間の銀行が郵貯のために経営不振に陥っている。第三が、財政投融資の仕組みが財政赤字を増加させているというものだった。

しかし、この時点でも宅配便は日本全国をカバーしていなかった。また、民間の銀行が経営不振になったのは野放図な融資が原因だった。さらに、すでに財投の改革は２００１年に郵政資金の自主運用が始まったときに事実上終了しており、郵政も国債は債権市場から買っていた。そもそも郵貯や簡保は拡大する財政赤字を支えてきたのであって、その原因などではなかった。

郵政民営化が推進されることになったとき、竹中平蔵郵政民営化担当相は、第一に、小さな政府を実現するために、民営化して郵政職員を民間企業の社員にする。第二に、郵貯・簡保の資金を開放して「官から民へ」流すことで経済を活性化すると述べたが、これらはみなまったくの虚言だった。

郵政の職員は身分こそ公務員だったが、経営は独立採算制を採っていたので、給料は税金からはビタ一文出ていなかった。また、郵貯・簡保を民営化しても、ひきつづき国債は買い支えざるを得なかったので、民営化しても資金は「官から民へ」など流れなかった。それは多くの金融経済学者が指摘し、竹中ブレーンの高橋洋一氏たちもシミュレーションをして分かっていたことだった。

民営化の残る理由はアメリカの圧力、ことにＡＩＧなど保険業界の圧力で、竹中郵政民営化担当相は、当時、17回にわたってアメリカ関係者と会合していたことが知られている。日本国民には虚言を弄しながら、アメリカの金融関係者と詳細に打ち合わせをして推進したのが郵政民営化だったのである。

郵政民営化反対、ＴＰＰ阻止は生活基盤を守る闘いだ

民主党を中心とする政権は「郵政民営化の見直し」を掲げて、「郵政改革法」の国会通過を試みてきたが、この動きに対してアメリカが何もしないはずはなかった。前出の『２０１０年外国貿易障壁報告書』において簡保市場の開放を要求する旨を述べるだけでなく、「日米経済調和対話」で提示された文書にも次のようにある。

「保険業・銀行業における平等な条件――活気ある競争を市場にもたらすことにより、顧客選択を拡大すべく、日本郵政に与えられた競争上の優位性を完全撤廃し、業者すべてが平等な規制適用・施行を受けるようにすることにより、日本のＷＴＯ義務に則り、対等な保険サービスおよび銀行サービスの競争条件を確立する」

また、同じく米通商代表部の『米通商代表部アジェンダ２０１１年および２０１０年年次報告書』にも、牛海綿状脳症の発生以来低迷してきた牛肉の輸出増加とともに、簡保市場獲得への執拗な意欲が記載されている。

「アメリカ合衆国は、米牛肉の市場アクセスの制限、銀行・保険・郵便の部門における郵政と民間との間にある平等性の欠如、米国の自動車に対するアクセスの制限など、

長年懸案事項となってきた二国間の問題を、完全に解決するためさらなる努力を払ってきた」

知らぬは日本国民ばかりなり。アメリカは営々と日本の簡保市場をこじ開けるための工作を続け、おそらく日本政府もその対応に追われてきた。それはアメリカが金融を含むサービスの輸出を目指すようになった1980年代から継続されてきたものであり、郵政民営化への要求もTPP参加への圧力も、同じ土壌から生じた同根の現象なのだ。

それでは、こうした金融を含むサービス対日通商政策において、アメリカは農業分野では何を狙っているのか。米通商代表部が2011年3月30日に発表した『2011年外国貿易障壁報告書』を見てみよう。もちろん、牛肉輸入を増加することを求め、コメについては流通が不透明なことなどについて不満を表明している。しかしコメについては、日本がWTOの取り決めに基づくミニマム・アクセス米の輸入の継続を「期待」すると述べているにとどまる。注目すべきは次の部分である。

「共済——組合によって運営される保険事業、共済は日本の保険市場で実に大きなシェアを占めている。……アメリカ政府は、共済が金融庁の監視の下に置かれるとともに、平等な競争が確保されている民営の保険業と、同じ規制基準と監督に従うべきだと信じている」

これはすでに述べてきた日本郵政の簡保に対する姿勢と同様であり、TPPへの参加後は、早晩、農協共済の株式会社化と市場開放を要求してくることを意味している。実は、同種の文章は前年度の報告書にもあった。これだけでもTPPが郵政民営化と「同じ土壌から生じた同根の現象」であることが分かっていただけるだろう。

今回のTPP参加への圧力は、レイムダック化したオバマ政権と、風前の灯である菅政権が打ち上げたむなしい花火になる可能性が高い。しかも、すでにNAFTAの域内貿易が減少に転じたように、地域経済協定を結べば貿易が急伸するということはなくなりつつある。アジアの急伸によって貿易構造が変わってしまったからだ。

そんなとき、なぜ日本はTPPに参加しなくてはならないのだろうか。あまりにも筋の悪い話と言わざるを得ない。ましてや、東日本大震災よって日本は甚大な損害を被り、日本国民は一体となって復興に努めねばならないときである。そのためにはアメリカの輸出と雇用を生み出すための、アメリカ中心の政策に唯々諾々と従っているわけにはいかない。

どさくさにまぎれてTPPへの参加を受け入れてしまうようなことがあれば、まさに東北の沿岸を襲った真っ黒い津波のように奥深くまで侵入されて、日本は生活基盤そのものを根底から奪われてしまうことになるだろう。

（ひがしたに　さとし）

危険、野蛮この上ないＴＰＰ「投資」協定

ＴＰＰ論議の盲点を暴く

ノンフィクション作家　関岡英之

ＴＰＰにおける「投資」分野とは？

ＴＰＰのオリジナル４カ国（Ｐ４：シンガポール、ニュージーランド、チリ、ブルネイ）に米国、豪州、ペルー、ベトナム、マレーシアの５カ国が加わったＴＰＰ交渉（Ｐ９）のために設置された24の作業部会のうち、Ｐ４の協定本文には存在せず、新たに追加された分野として、「サービス（金融）」「投資」「労働」が挙げられる。

そもそもオリジナル４カ国に24もの作業部会を運営するマンパワーやノウハウが完備しているとは想像しがたい。その一方で、米国通商代表部には、この３分野を含むすべての作業部会に対応する担当官が任命されていることからも、現在のＴＰＰ交渉が完全に米国主導であることは明白である。ならば、新たに追加された「サービス（金融）」(注)「投資」「労働」は、米国がとりわけ重視している分野だと考えられる。

（注）「サービス（金融）」分野については、本書ＰＡＲＴ２の菊池英博、東谷暁両氏の論考や、『季刊地域』２０１１年春号掲載の拙稿「簡保、共済―日本の保険が米国の草刈場になる」を参照されたい。

「投資」は24分野の中で最も危険な要素を含んでいるが、わが国ではほとんど議論にさえなっていない。本稿では、ＴＰＰ論議の盲点ともいえる「投資」分野について、あまり知られていない問題性を明らかにしたい。

各国から拒否された米国流投資ルール

米国のグローバル化戦略は１９８０年代後半、ＧＡＴＴのウルグアイラウンド（ＵＲ）で大きな転換をとげた。それ以前のケネディラウンドや東京ラウンド時代の物品の関

税引き下げ攻勢中心から、URでは金融・情報・通信といったサービス・ソフトウェア産業や、商標・特許等の知的財産権など、米国が比較優位をもつ分野の先行者利得の維持・強化に重点をシフトした。

さらに1990年代のクリントン政権時代になると、米国は投資銀行による直接金融（株式や債券などの証券ビジネス）や直接投資（海外での企業買収など）といった資本取引のグローバル化に重点をおく金融立国戦略を鮮明にし、各国に資本移動の自由化や国内規制の撤廃を迫った。「貿易の自由化」から「投資の自由化」への転換である。

米国はまず、NAFTA（北米自由貿易協定）に投資分野全般に関する米国発の包括的なルールを盛り込むことを目論み、圧倒的な経済力を背景に猛烈な交渉力を発揮して、カナダとメキシコにそれを認めさせることに成功した。

次に米国は、WTOに投資分野を追加することを画策した。しかしながら、こうした米国の戦略は、米国の圧倒的な金融・資本力によって自国の企業、ひいては産業経済全般が米国に支配されるのではないかという各国の危惧を招いたため、WTO交渉の場においては米国の戦略は部分的成功にとどまった。

1995年に発足したWTOに付属してTRIM（Trade Related Investment Measures　貿易に関連する投資措置）に関する協定が合意されたが、この協定は対象範囲が貿易関連のみに限定され、米国の投資銀行業界などが最も関心を寄せる資本取引は対象外とされた（現在のドーハラウンドにおいても、投資分野は協議の対象から除外されたままである）。

しかし米国は諦めず、視点を変えて先進国レベルで米国流の投資ルールをグローバル化しようと考え、1995年からOECD（経済協力開発機構）の場でMAI（Multilateral Agreement on Investment　多国間投資協定）の成立を画策したが、1998年に米国の意図に不審を抱いたフランスが協議から離脱したため、この構想も失敗に終わった。

そこで米国は、こんどはFTAA（Free Trade Area of the Americas　米州自由貿易地域）を呼びかけることによって、米国ルールのグローバル化を南アメリカ大陸に拡大しようとしたが、2003年、ブラジルなどが強く反発して失敗した。米国による投資ルールのグローバル化戦略は、NAFTA以外は失敗の歴史であった。

今回、TPPのオリジナルP4協定には存在しない投資条項を米国が持ち込んだのは、こうした執念深い目論見の一環なのであり、それは、WTOでも、OECDでも、FTAAでも、多くの国々に警戒され、拒否された危険なものなのである。

現在のTPP交渉9カ国のうち、米国以外はいずれも資本市場の規模がとるにたらない小国ばかりである。「投資」分野を持ち込んだ米国の主たる標的が日本であることは明らかだ。従って、米国による投資ルールのグローバル化がＮＡＦＴＡ（北米）を越えてアジア太平洋地域に拡散するかどうかは、ひとえに日本の対応にかかっている。そうした意味で、日本の対応は世界から注視されている。米国のＴＰＰ戦略を理解する上では、こうした歴史的経緯や世界的視野を踏まえておく必要がある。

ハゲタカ外資を拒否できなくなる

米国がグローバル化しようとしてきた投資ルールは、なぜ各国から拒否されたのか。

まずは「内国民待遇」という原則の問題があげられる。内国民待遇とは「内外無差別の原則」ともいい、外資系企業を国内企業と同等に扱わなくてはならないということだ。つまり米国の狙いは、外資に関する規制を撤廃させて、相手国の国内において米国系の企業やファンドが自由に利益を追求できるようにさせる、ということだ。

巨大な時価総額を誇り、圧倒的な資本力をもつ米国の多国籍企業の活動を自由放任すれば、自国の企業は軒並み米国資本の傘下に支配されてしまうと各国が警戒したのは当然だ。米国資本のすべてがハゲタカ外資だというわけではないが、そもそも米国が投資のグローバル化を推進しているのは、利益率の高い投資対象を世界中で物色するためにほかならない。

日本の企業を買収するのも、日本に惚れ込んでいるわけではなく、日本に定着するつもりもない。他国に魅力的な市場を見つければ、いつでも傘下の企業を第三者に転売して出て行ってしまう。あとはどうなろうと責任を負わない。転売する先は中国資本やロシア資本かもしれないが、買われる側は株主を選べないのである。

また、米国資本に支配された企業には、米国流のコーポレートガバナンス、要するに「株主資本主義」が持ち込まれ、従業員や取引先などのステークホルダー（利害関係者）よりも株主の利益を最大限優先する経営を求められる。リストラや下請け切りで短期的な利益を追求し、雇用や設備投資よりも株主への配当を優先するような経営風土が蔓延する。

こうした様々な弊害から国民経済を守るために、世界の多くの国々は、外資に対して内国民待遇を認めていないのだ。

にもかかわらず、ほかでもない米国自身、自国の企業が外資に買収される立場になると途端に反発するのだから、呆れてものがいえない。

かつてバブルの全盛期に日本の企業がハリウッドの映画会社を買収した時、米国人は「母親がカネで買われるようなものだ」「自由の女神がゴジラに襲われた」と感情的に激しく反発した。近年では2005年に中国海洋石油（CNOOC）が米国の大手石油会社ユノカルを買収しようとしたとき、米国の議会が猛反対したため、買収は阻止された。また08年の中国・華為技術によるネットワーク機器会社スリーコムの買収と、2010年の中国・曹妃甸投資による通信機器会社エムコアの買収の際には、対米外国投資委員会（CFIUS）が買収を阻止している。

しかし日本では、米国流のグローバリズムにかぶれて、外資を規制することにむしろ反対するような政治家がいる。08年に外資ファンドが羽田空港の管理会社の株式を取得していることが発覚したため、当時の福田康夫政権が法改正による外資規制を導入しようとした。

いったん有事の際には空港は制空権に関わる最重要施設だから外国の関与を規制するのは当然であった。ところが、こともあろうに閣内から「外資にそっぽを向かれたら日本はオシマイだ」という反対論が出て、規制は結局見送りになってしまった。

日本にも、半導体や特殊鋼など製造業の一部や、電気・通信、放送など公共性の高い業種への出資に関して、外資に事前届け出を義務づける規制があることはある（外国為替管理法）。だが、空港管理会社や資源開発会社など、多くの重要産業が審査の対象に含まれておらず、むしろ最低限の範囲しか規制されていないのが実情である。

将来、規制を拡大・強化する必要が出てきても、もしTPPの投資ルールとして米国が強く求める内国民待遇の原則が採択されると、新たな規制の導入が不可能になってしまう。日本の重要企業が外資に買収されるリスクに無防備でさらされることになるのである。

最も危険なISD（投資家vs国家の紛争解決）条項

「投資」分野に関して、内国民待遇以外の論点としては、以下の3点がある。いずれも聞き慣れないことばかりだが、とくに②と③はTPPに関わる諸問題の中でも最も危険とされる部分である。

①「特定措置」の履行要求の禁止条項

「特定措置」というのは、現地政府が外資企業に賦課する義務のことで、原材料や部品に一定の比率で現地の国産品を使うことを義務づける「ローカルコンテント」が代表的である。例えばリーマンショックをきっかけとする経済危機対策として、2009年にオバマ大統領が打ち出した「米国再生・再投資法」のバイ・アメリカン条項が悪名高い。これは米国の公共事業に使用する資材の一部に米国製品の使用を義務づけるもので、あからさまな保護主義として国際的な非難を浴びている。

そのほかの「特定措置」としては、マレーシアのブミプトラ政策のように外資系企業の役員や従業員に一定の比率で現地人の採用を義務づけるもの、中国で横行している、外資系企業に設立認可の見返りとして先端技術の開示や知的財産権の移転を要求するものなどがある。

「特定措置」の履行要求の禁止で困るのは日本ではなく、むしろ米国やマレーシアや、（ＴＰＰ交渉には参加していないが）中国などの国々だ。ＴＰＰ交渉の場で米国がどのような姿勢を打ち出してくるか、見物である。

②「収用と補償」条項

これは次の「投資家vs国家の紛争解決」と絡んで、非常に危険なルールである。

「収用」とは、政府が民間企業を国有化したり、資産を強制的に接収したりすることを意味する。「補償」とは、外資が「収用」で被った損失の代償を求めることで、もともとは産油国による油田国有化に対抗するために米英によって編み出されたルールであった。

資源ナショナリズムの高潮を背景として、１９５１年にイランのモサデク政権が石油産業を国有化し、英国系メジャー（巨大石油資本）のアングロ・イラニアン社（現在のＢＰ社）が所有していた油田が「収用」されるという事件が起きた。このとき、英国と結託した米国は、ＣＩＡの秘密工作によってモサデク政権を転覆させた。これが１９７９年のイラン・イスラーム革命と、その後、現在まで続く米国とイランの敵対的関係の原点となった。

「収用と補償」のルールは、エネルギー資源の海外依存度がとくに高い日本にとっても必要なルールとして支持できるはずであった。

ところが、米国が「間接収用」という新たな概念を持ち出してから、このルールは極めて危険なものに変質してしまった。「間接収用」というのは、資産などが接収されたり、物理的な損害を受けたりしていない場合でも、現地国政府の法律や規制のせいで外資系企業の営利活動が制約された場合、収用と同等の措置とみなして損害賠償を請求するという、途方もない拡大解釈である。

「間接収用」の弊害について日本国内ではまだほとんど一般に知られていないと思うが、海外では、外資に悪影響を及ぼす政策はおしなべて「収用」と見なされてしまう風潮が蔓延しつつあるという。

こんなルールが日本に上陸すれば、ハゲタカ外資や投機ファンドを規制しようとすると「間接収用」だと非難されて規制撤回に追い込まれ、彼らのやりたい放題を野放しにせざるを得なくなってしまうのである。

③「投資家vs国家の紛争解決」条項

「間接収用」で「被害」を受けた外資が、相手国政府に損害賠償を請求する具体的手段として用意されたのが、この「投資家vs国家の紛争解決」、通称ＩＳＤ（Investor-State Dispute）条項である。

これにより、外資が国家を訴えることができるようになった。訴える場は、相手国の裁判所ではない。世界銀行傘下のＩＣＳＩＤ（International Center for Settlement of Investment Disputes　国際投資紛争解決センター）などの国際仲裁所と称する場で、そこでは3～5名の仲裁人が判定を下す。しかも審理は一切非公開で、判定は強制力をもつが、不服の場合でも上訴することはできないという信じ難いほど無茶苦茶な制度である。

判定の基準は、被告とされた国家の政策の必然性や妥当性ではなく、「外資が損害を被ったか否か」というただ一点だ。しかもたまたま選ばれた仲裁人の主観に大きく左右され、類似した判例とは矛盾した判定が下されることもあり、結果は予見不可能だという（渡邊頼純監修、外務省経済局ＥＰＡ交渉チーム編著『解説　ＦＴＡ・ＥＰＡ交渉』２００７年、日本経済評論社）。

ＩＳＤ条項は、米国の提案によってＮＡＦＴＡで初めて導入された。その後、米国が自国の投資ルールのグローバル化戦略を推し進めようとしてＷＴＯ、ＯＥＣＤ、ＦＴＡの場で多くの国々から反対され、ことごとく失敗した最大の理由が、このＩＳＤ条項なのだ。

米国はしぶとく、これを二国間ＥＰＡに盛り込もうと画策してきた。米豪ＥＰＡではオーストラリアが断固拒否したため削除されたが、米韓ＥＰＡでは韓国はこれを呑んだ。

さすがにこれは韓国国内でも最も熱い争点になったという。韓国の洪基彬氏の論考「投資者―国家の紛争制度と韓国の公共政策および産業政策―」（徐勝、李康國編『韓米ＦＴＡと韓国経済の危機―新自由主義下の日本への教訓』２００９年、晃洋書房）は、非常に示唆に富む。

洪氏は、ＩＳＤ条項の本質はアングロサクソン固有の法源、すなわち、貴族たちが王権を制限したマグナ・カルタ以来の英国のコモンローや、米国の合衆国憲法の修正第5条、修正第14条に明記された私的所有権絶対不可侵の思想に根ざしている、と指摘する。そして、ＩＳＤ条項は外資を主権国家と対等の地位に上らせ、外資の利益のために国家の立法行為や行政活動、つまり国家の主権行使を制限するものにほかならないと喝破している。

日本政府はまだ一度も外資から訴えられた経験はないが、ＮＡＦＴＡでＩＳＤ条項を受諾してしまったカナダは外資によって惨憺たる目に遭わされている。ガソリン添加物「ＭＭＴ（メチルシクロペンタジィエニールマンガントリカルボニル）」という神経性有毒物質の使用を禁止したカナダ政府に対して、米国の燃料メーカーが3億5000万ドルの損害賠償を請求した例や、水の大量輸出を禁止したカナダのブリティッシュ・コロンビア州政府に対して、米国のエンジニアリング会社が4億ドルの損害賠償を請求した事例などが報告されている（市民フォーラム2001編『徹底討論WTO』2001年、現代企画室）。

内国民待遇に抵触するような外資に対する直接的な資本規制はもちろん、環境保護や有害物質の規制、食品や医薬品などの安全規制、消費者保護のための行為規制、さらには警察権や徴税権の行使でさえ、外資の利益に被害をもたらす「間接収用」だと、際限のない拡大解釈が可能であり、実際に起きているのである。

結語

TPP交渉において、最も危険な「投資」分野の「収用と補償」条項および「投資家vs国家の紛争解決」条項を絶対に受諾してはならない。受諾すれば、国民の生命や財産を守るために真っ当な規制をおこなっている日本国政府が、理不尽な理由で外資に訴えられ、外国の仲裁人に「投資家の利益を害した」という判定を下され、巨額の損害賠償を命じられる。賠償金の原資は国民の税金だ。

米国流の投資ルールは、まさにとんでもないしろものであり、WTO、OECD、FTAAの場で世界各国から反感を買ったのも蓋し当然である。　（せきおか　ひでゆき）

PART 2

医療、食、労働、地域、環境

TPPと日本の医療

日本福祉大学教授・副学長　二木　立

はじめに
——TPPには反対だが「地獄のシナリオ」には疑問

私は、日本がTPP（環太平洋経済連携協定）に参加することには絶対反対です。その最大の理由は、生産性と価格競争力の点でアメリカやオーストラリア等に到底太刀打ちできない日本農業が壊滅的打撃を受け、日本の食の安全が脅かされるからです。それに加えて、TPPは、物品の貿易だけでなく、サービス貿易、政府調達、知的財産、金融あるいは人の移動なども対象にする包括的な自由貿易協定であるため、日本が参加した場合には、アメリカから医療サービスの自由化＝混合診療の原則解禁や株式会社による病院経営の解禁が求められ、それにより医療の市場化・営利化が進む危険が強いからです。

他面、一部の医療関係者・医療団体が、「TPP参加は国民皆保険制度を崩壊させる」等と声高に主張していることには、疑問も感じています。

私は、ちょうど20年前の1991年に出版した『複眼でみる90年代の医療』で、日本医療の「将来予測をする場合のスタンス」について、次のように述べました。「私は、…医療団体（特に運動団体）が、厚生省の最大限願望が実現した場合に、将来起こりうる最悪の事態＝『地獄のシナリオ』を示して、警鐘乱打するのも、**ある程度は**当然だ、とも思っている。医療関係者や国民・患者の注意を喚起し、医療運動の高揚をはかるために、厚生省の施策の危険な側面に焦点をあてることは、それなりに了解できる。／しかし、この場合にも、それ**だけ**では、**将来的**に起こりうる事態が、**短期的**に必ず起こると誤解され、医療関係者や患者の間に、無用の混乱や不安を生む危険がある。（中略）／私は、…研究者の立場から、90年代医療の最も確率の高い**客観的・実証的**予測を行い、それが80年代医療に比べてどのように変わるのか変わらないのか、どのような『光と影』（積極面と否定面）を持っているのか、を**複眼的**に考察したい」⑴。

本稿でも、この複眼的スタンスから、TPPが日本医療に与える影響を、アメリカがどのような要求をし、それにより日本の医療保険・提供制度がどのように変わるのかに焦点を当てて、検討します。なぜなら、TPPは、日本を含めた交渉参加（予定）10カ国のGDP規模からみて、日米が約90％を占め、実質的に「日米FTA（自由貿易協定）」と言えるからです。

アメリカ政府の医療に関する対日要求

ただし、TPPに関する情報、とくに農業以外の分野にどのような影響があるかについての情報は、菅直人政権の担当閣僚自身が「十分な情報が得られていない」と認めているように、現時点ではほとんど明らかにされていません（2011年2月26日「開国フォーラム」）。そのために、上述した「地獄のシナリオ」が語られる一方で、関係閣僚がそれを否定する構図になっていますが、両者とも確証があるわけではありません。

そこで、その手がかりを得るために、アメリカ政府が日本医療の市場開放について、公式にどのような要求をしているかを検討します。この点については、最近、坂口一樹氏（日本医師会総合政策研究機構研究員）が、優れたレポート⑵を発表しているので、そのポイントを紹介します。

坂口氏は、アメリカ通商代表部（USTR）が公表した、2007〜2010年の『外国貿易障壁報告書』を検討し、医療に関連するアメリカ政府の対日要求は、年を経るごとに、より広範に、より詳細になっていることを明らかにしています。とくに、オバマ政権が成立した2009年を境に、それまでの医薬品・医療機器分野における規制改革要求と保険分野および医療サービス分野における参入障壁撤廃要求に加え、新たに医療IT分野の規制改革要求を取り上げるようになったことは注目されます。

医療の中核を占める「医療サービス」については、この期間、次の2つを論点として取り上げています。「日本の規制が、日本の医療サービス市場への外国資本の参入を妨げている」「米国政府は、日本政府に対して、外資への医療分野への市場開放のファースト・ステップとして、営利法人が営利病院を運営し、すべての医療サービスを提供できるようにする機会（経済特区を含む）を開くことを要求している」。

もし日本がTPPに参加した場合には、アメリカの医療市場開放要求が格段に強まり、日本医療の市場化・営利化が進むことは確実です。

医療の市場化・営利化要求は日米大企業の合作

ただし、ここで見落としてならないことが2つあります。ひとつはアメリカは決して一枚岩ではなく、その要求も必ずしも一貫しておらず、「場当たり的」であることです。この点については、少し古い（1996年）ですが、次のような率直な証言があります。

「アメリカの対日通商政策は往々にしてあまりに場当たり的で、近視眼的であるため、日本側に『規制撤廃改革』を起こさせるまでに至っていない。（中略）アメリカの対日規制撤廃提案は、しばしば政治力のある会社や産業に直接からんだ目先の規制問題を反映したものになりがちで、将来を見据え、念入りに作りあげた計画にはどうしてもならないのである。（中略）［その結果─二木］規制の原因となっている制度そのものを改正しないで、規制措置を一部撤廃するだけでアメリカの規制撤廃圧力を沈静化できるという自信を、日本の官僚に与えることになるのだ」（J・P・スターン米国電子業界事務所総代表）(3)。

その後、「構造改革」が強力に推進された小泉政権の時代にさえ、日本の医療サービス市場の開放や医療の市場化・営利化がごく限定的にしか進まなかったことを考慮すると、日本の（厚生労働省）官僚は現在もこのような「自信」をもっていると思います。

もうひとつ見落としてならないことは、医療の市場化・営利化は決してアメリカ側だけの要求ではなく、日本の大企業も求めていることです。この点については、チャールズ・レイク元USTR日本部長が次のように、ストレートに述べています。

「米国提案の多くはすでに日本の省庁が審議会などで議論していたものばかりです。だから、日本が米国の圧力に屈して、いやいや合意したものではなかったのです。日本政府が国内の抵抗勢力を説得するために構造協議が使われた、という方が実態に近い。いわば『歌舞伎の敵役』を米国が演じたということです」(4)。

つまり、「規制制度改革」＝医療の市場化・営利化は単なる米国からの一方的圧力ではなく、日米合作なのです。

なお、日本医師会は、2010年12月から2011年2月に、連続的にTPPに関する「見解」等を発表し、しかもいずれの場合も「医療における規制制度改革とTPPの問題点」をワンセットで指摘しており、大変見識があると思います(5)（要旨が本書にも紹介されているので参照されたい）。

規制制度改革分科会の市場原理導入改革案はすべて削除された

このような「合作」または「共犯」関係は、自公政権時代だけでなく、民主党政権になっても変わっていません。事実、2010年11月9日のTPPに関する閣議決定「包括的経済連携に関する基本方針」では、「経済連携交渉と国内対策の一体的実施」として、「農業分野、人の移動分野及び規制制度改革分野において、適切な国内改革を先行的に推進する」とされていました。

さらにこの閣議決定に基づいて、行政刷新会議「規制・制度改革に関する分科会」は、2011年1月29日に、約250項目の規制・制度改革事項を示した「中間とりまとめ」を発表しました。そして、その中には医療への市場原理導入の呼び水・火種になる重大な「規制改革事項」がいくつも含まれていました。その中心は「ライフイノベーションWG」が提起している「各府省庁が取り組む規制・制度改革事項」の③「医療法人の再生支援・合併における諸規制の見直し」で、「営利法人の役職員が医療法人の役員として参画することや、譲受法人への剰余金配当等が認めるべき」という「分科会・WGの基本的考え方」が示されたことでした。

もしこれが認められると、将来それが医療法人全体に拡張され、結果的に営利法人による医療機関経営の解禁につながる危険がありました。上述したように、これはUSTRの長年の要求でもあります。

しかし、これに対しては、日本医師会や各病院団体が強く反対し、厚生労働省や民主党の良識派議員もそれに後押しされて強く抵抗した結果、3月6・7日の「規制仕分け」の対象から、医療分野への市場原理導入につながる改革事項はすべて削除されました。これにより、「規制制度改革分野において、適切な国内改革を先行的に推進する」との菅政権の思惑は出端を挫かれました。

落とし所は「経済特区」だが、可能性は低い

以上、TPPの医療への影響を考える上で見落としてならないことを2つ指摘しました。この2つを考慮すると、仮に日本がTPPに参加した場合にも、アメリカ側の要求どおりに、医療の市場化・営利化が全面的に進み、日本の医療制度・国民皆保険制度が崩壊する可能性はほとんどないと思います。私は、日米交渉のギリギリの「落とし所」は、アメリカ通商代表部の文書に明記されている「経済特区」に限定した、混合診療の原則解禁や株式会社による病院経営の解禁になると予測します。その場合、それがアメリカ資本単独ではなく、日米合作で進められるのは確実で

す。言うまでもなく、経済特区を利用できるのは、国内外の富裕層の患者に限られます。

他面、経済特区でおこなわれる「格差医療」が、その後全国に一気に広がる可能性はほとんどないとも考えています。それには、2つの理由があります。まず、富裕層対象の医療は一般の医療に比べるとはるかに高額であるため、それを全国規模で実施すると、総医療費だけでなく公的医療費も急騰するからです。これは、典型的な「新自由主義的医療改革の本質的ジレンマ」です（「医療の市場化・営利化は、企業にとっては新しい市場の拡大を意味する反面、医療費増加（総医療費と公的医療費の両方）をもたらすため、（公的）医療費抑制という『国是』と矛盾する」(6)。もうひとつの理由は、マクロ的な効率（費用対効果）が世界一であり、しかも国民の81％もが「信頼」している国民皆保険制度の根幹（平等な医療の提供）を崩すことは、どんな政権でも政治的に不可能だからです（「朝日新聞社世論調査」2011年3月22日朝刊。「大いに信頼している」14％＋「ある程度信頼している」67％）。

ただし、たとえ経済特区に限定されるとはいえ、医療分野に市場原理が導入された場合には、医療の非営利性の根本理念が崩れ、経済特区以外でも、一部の医師・医療機関の営利的行動が強まります。かつてグレイは1980年代のアメリカ医療の営利化を検討した際、「医療倫理の最大の脅威は営利企業の参入そのものではなく、企業家的に行動する医師や非営利病院が増えていることである」と指摘しました(7)。これと同じことが日本でも生じ、ひいてはそれが国民の医師・医療機関への信頼を低下させる危険があります。私がTPPの医療に与える影響で一番心配しているのはこの点です。

おわりに
——大震災後はTPP参加決定は困難

以上、アメリカ通商代表部の対日要求等を手がかりにして、日本のTPP参加が医療に与える影響を検討し、医療の市場化・営利化が現在より進むが、「国民皆保険制度崩壊」が生じることはないとの結論を得ました。私は今後、医療界でもTPP参加反対の運動が高まることを願っていますが、その際、いたずらに「地獄のシナリオ」を煽る言説には与しない冷静な対応が必要であるとも思っています。

なお、以上の検討では、便宜上、日本がTPPに参加することを想定しましたが、私は、2011年3月11日の東日本大震災後は、それの可能性は、少なくとも短期的には、きわめて低くなったと判断しています。なぜなら、大震災後は、日本の社会と経済の復興が最大の政治的・国民的課題になっており、支持率が2割を割っている菅弱体政権が国論を二分するTPP参加を強行決定できるとは考えにくいからです。

〈補論〉「地獄のシナリオ」とその顛末―歴史に学ぶ

歴史的にいえば、アメリカの株式会社制病院チェーンが日本の医療市場を支配するとの「地獄のシナリオ」は過去２回主張されました。

最初に主張されたのは１９８０年代後半で、アメリカの株式会社制病院チェーンが日本にすぐにも上陸し、日本の病院市場を支配するかのような主張がなされました。日経産業新聞編『医療ビジネス―新時代の病院経営』はそのような論調のはしりで、「アメリカの病院経営会社が日本の病院市場への上陸を狙って動き始めた」と書いていました(8)。

それに対して、私は１９８６年に発表した論文「医療における民活導入と医療経済への影響」で、アメリカ流の病院チェーンが全国展開することは、今後もあり得ないと予測しました(9)。現に、アメリカの病院経営会社の日本上陸は、まったく起こりませんでした。

次に主張されたのは１９９０年代後半で、一部のジャーナリストは、１９９３年のガット・ウルグアイラウンドで、医療を含めたサービス貿易の自由化が原則合意されたことを根拠にして、１９８０年代前半と同様の主張を、より激越におこないました。その代表は、丹羽幸一・杉浦啓太『病院沈没―外資参入で医療ビッグバンが始まった！』で、「２００５年までに…日本の［医療］市場は外国資本に蹂躙されることは必至である」(10)と言い切りました。しかし、その後、ウルグアイラウンドを引き継いだＷＴＯ（世界貿易機関）でのサービス貿易の自由化についての協議は難航し、２００８年７月に非公式閣僚会議の協議が決裂してからは完全に「死に体」となっています。その結果、このような言説も自然消滅しました。

＊本稿は、『文化連情報』２０１１年５月号に掲載した同名論文を微修正したものです。

〈参考文献〉

(1) 二木立『複眼でみる90年代の医療』１９９１年、勁草書房、4ページ。
(2) 坂口一樹「米国の政権交代後の対日通商外交政策とわが国の医療に及ぼす影響」『日医総研ワーキングペーパー』No.２２８、２０１１年2月2日。
(3) フランク・ギブニー監修『官僚たちの大国―規制撤廃と第三の開国を』１９９６年、講談社、２５３―２５４ページ。
(4) 朝日新聞「変転経済」取材班編『失われた〈20年〉』２００９年、岩波書店、73ページ。
(5) 日本医師会「危機にさらされる日本の医療―医療における規制制度改革とＴＰＰの問題点」２０１１年2月16日。
(6) 二木立『医療改革と病院』２００４年、勁草書房、21ページ。
(7) Gray BH: *The Profit Motive and Patient Care - The Changing Accountability of Doctors and Hospitals*. Harvard University Press, 1991, p.334.

(8) 日経産業新聞『医療ビジネス—新時代の病院経営』1985年、日本経済新聞社、47ページ。
(9) 二木立「医療における民活導入と医療経済への影響」『病院』45(12)、1986年(『リハビリテーション医療の社会経済学』1988年、勁草書房、所収)。
(10) 丹羽幸一・杉浦啓太『病院沈没—外資参入で医療ビッグバンが始まった!』1999年、宝島社、10ページ。

(にき りゅう)

日本医師会もＴＰＰに懸念を表明

「日本の医療を守るための国民運動」の展開へ

日本医師会／国民医療推進協議会

日本医師会は、ＴＰＰは日本の医療の営利化をすすめ国民皆保険制度の崩壊、金持ち以外は医療を受けられない時代を招きかねないとして深い懸念を表明。日本医師会が各医療関係者団体等に呼びかけて、２００４年10月に発足させた国民医療推進協議会では、医療への市場原理主義の導入を断固阻止し、恒久的な国民皆保険制度の堅持を求める国民の声を政府に届けることを目的とした、国民運動を展開しています。

以下は、日本医師会の了解をいただき同会ホームページから抄録したものです（抄録責任―編集部）。

「医療における規制改革とＴＰＰについての見解」―中川副会長

「日本医師会」ホームページ「定例記者会見」サイトより転載
http://www.med.or.jp/shirokuma/no1379.html

中川俊男副会長は２０１１年１月26日の定例記者会見で、このところ、急速な医療に関する市場原理主義の導入、医療の新自由主義的再編の波について、大変危惧していると述べ、日医の見解を述べた。

同副会長は、まず、日本の公的医療保険が、外国からの市場原理の導入、外国資本の参入を求められてきた歴史的な経緯を示し、さらに、２０１０年６月、政府が「新成長戦略」を閣議決定し、医療・介護・健康関連産業を日本の成長牽引産業として明確に位置づけ、医療の国際化推進を決定したことにより、営利を追求する意見や動きが目立ってきたと指摘した。

また、同副会長は、現在、行政刷新会議の規制・制度改革に関する分科会や、総合特区制度において、医療の市場開放にむけての議論が急展開していること、さらに、ＴＰＰは、内閣官房が、「国を開き、日本を活性化するための起爆剤」と位置付けていると述べ、２０１０年11月に閣議決定された「包括的経済連携に関する基本方針」により、外国人医師の受け入れの拡大や病院が外資系になる可能性等を懸念するとした。

そして、外国人医師の受け入れの問題として、公的医療保険の診療報酬では高額な給与を支払えないため、病院は高額の自由診療を目指すことや、クロスライセンス（お互いの国の医師免許を認めること）により、教育水準の違いから、日本の医療水準が低下する危険もあると述べ、日本の医療は、高い医療水準が確保されている日本の医師免許の下で行なうべきであり、医師不足は、日本の医師数増加によってきちんと解決すべきであると主張した。

また、外国資本を含む企業などが日本の医療に参入することについては、「外資系を含む営利企業の病院などは、いずれ公的医療保険ではなく、高額の自由診療を行なうようになる。高額の自由診療を行なう病院が増え、病院は自由診療でよいということになると、国は公的医療保険の診療報酬を引き上げず、公的医療保険で診療していた地方の病院などが立ち行かなくなる」との問題点を指摘し、国民皆保険の崩壊を危惧した。

最後に、中川副会長は、「医療が自由価格で提供されるようになれば、本当にお金がなければ医療が受けられない時代が来てしまう。外国資本の営利企業は、日本に自由価格の医療市場を迫っており、『混合診療の全面解禁』『医療ツーリズム』『株式会社参入』『外国人医師』は、その象徴である。日医は全力を挙げて、国民皆保険を守る」と明言した。

〈関連資料〉

1.【日本の医療を守るための国民運動決議】

（くわしくは、http://www.med.or.jp/etc/kokumin/ 参照）

決　　議

医療に市場原理主義が導入され、営利産業化されれば、わが国の優れた公的医療保険制度は崩壊し、二度と取り戻すことができなくなる。

そのため、国民皆保険制度の下、いつでも、どこでも、だれもが公平に受けることができる医療を、これからも断固守り続けていく。

以上、決議する。

平成23年2月16日

国民医療推進協議会

2. 資　料

■医療における規制制度改革の流れ

医療の営利産業化・市場開放にむけた流れが止まらない。（略）

■規制制度改革、総合特区、そしてＴＰＰへの参加が
日本の医療にもたらすこと

○日本では国民皆保険の下、いつでも、どこでも、誰でも同じ医療を受けられます。しかし、最近、国民皆保険をくつがえす意見が出てきました。

○医療は、国が責任を負うべき社会保障です。しかし政府が、医療を成長産業と位置づけてから、営利を追求する意見や動きが目立ってきました。

○いま、医療の国際化について検討されていること

外国人富裕層が日本で健診・治療を受けることができる「医療滞在ビザ」はすでに創設されました（２０１１年１月）。現在は、以下の内容などが検討されています。

▼規制・制度改革に関する分科会　ライフイノベーションＷＧ

・アジアのメディカルクラスターを目指すべきとの意見を受けて、病院などの新規開設が進むよう病床規制を見直す／・病院経営に営利企業の人材が参画す

ることや、病院のM&Aを行ないやすくする　↓
外国資本を含む株式会社が医療に参入しやすくなる
▼総合特区に提案された主なもの
・自由診療の拡大／株式会社の診療領域の拡大／混合診療の解禁／外国人医師の受け入れ

○話題の「TPP」も、医療にとっては大きな問題です

政府2010年11月閣議決定「包括的経済連携に関する基本方針」
①看護師等の海外からの人の移動については、2011年6月までに基本方針を策定
↓　外国人の医師をはじめ他の医療資格者にも拡大する恐れがある
②国を開き、海外の優れた経営資源を取り込むための規制改革については、2011年3月までに具体的方針を決定
↓　病院が外資系になる可能性がある

○なぜ外国資本を含む企業などが日本の医療に参入することが問題か

それは、日本の医療は国民すべてが加入する公的医療保険によって公平に提供されているからです。
・日本の公的医療保険では、治療費などは診療報酬で決まっており、営利を目的とする企業や、高額報酬を目指す人材には魅力がない。
・外資系を含む営利企業の病院などは、公的医療保険ではなく、高額の自由診療を行なうようになる。お金がなければ、高額の自由診療は受けられない。
・高額自由診療の病院が増えれば、その中で淘汰される。また、病院は自由診療でよいということになると、国は公的医療保険の診療報酬を引き上げない。公的医療保険で診療していた地方の病院などが立ち行かなくなる。
・国民皆保険の終焉へ

○日本の医師不足は外国人医師の受け入れでは解決しません

・公的医療保険の診療報酬では、外国人医師に高額な給与を支払えないので、病院は高額の自由診療を目指す。高額の自由診療はお金のない人は受けられない。
・公的医療保険で医療を行なう病院が減っていく。
・外国人医師にならって、日本人医師も高額給与を希望する。ダメなら海外へ流出する。
・一方で、日本人医師と外国人医師のクロスライセンス（お互いの国の医師免許を認めること）によって外国人医師を受け入れた場合、医療の教育水準の違いから、日本の医療水準が低下する危険もある。

日本の医療は、高い医療水準が確保されている日本の医師免許の下で行なうべきです。また、医師不足は、日本の医師数増加によってきちんと解決すべきです。

○外国人患者を治療すること

それは、医師としての責務です。しかし、営利目的で、外国人患者をわざわざ招致することは間違っています。自由価格の医療優先になり、公的医療保険に頼っている人は後回しにされていくでしょう。

○なぜ医療機関は営利を追求してはならないのか

公的医療保険の日本では、医療法人の利益は、地域の医療をよりよくするため、再投資（設備や人材に投資すること）に回されます。

株式会社は、再投資のための原資に加えて、株主に配当するための利益が必要です。しかし、公的医療保険下の診療報酬では大きな利益は出ません。株式会社は、配当を確保した上で、医療法人と同じように再投資をしようとして、無理なコスト削減や、無駄な検査などを行なうおそれがあります。

○医療における株式会社参入の問題点

株式会社が医療に参入して、公的医療保険で決まっている診療報酬という収入の中から、再投資だけでなく、配当のための利益も生み出そうとすると…

・コスト削減を優先するあまり安全性が犠牲になる。
・不採算部門・地域、病院経営自体から簡単に撤退する。
・優良顧客（患者）を選別する。

そこまでしても、なかなか株主の要求にこたえる配当をすることはできません。株式会社の病院は「高い自由価格で医療を提供することを認めるべきだ」という主張をするでしょう。それが、現実のものになると、お金がなければ医療を受けられない日本になってしまいます。

○日本医師会が反対しているのは、混合診療の「全面」解禁です

混合診療とは保険診療と保険外診療を同時に受けることで、この全面解禁とは、どんな場合でも「保険診療の一部負担＋保険外の全額自費」にしようということです。しかし結局のところ、保険外の全額自費を支払えるのは、高所得者に限られます。

そして将来、公的医療保険で受けることのできる医療は少しだけになっていくでしょう。

○このままいくと…

医療が自由価格で提供されるようになれば、民間企業や投資家にとって、魅力的な市場が開けます。そうなると、本当にお金がなければならない時代がやってきます。日本人の生命を、外国を含む産業に差し出してよいのでしょうか。

日本医師会は、全力をあげて、国民皆保険を守ります。

3. 国民医療推進協議会とは

国民医療推進協議会は平成16年10月、「国民の健康の増進と福祉の向上を図るため、医療・介護・保健および福祉行政の拡充強化をめざし、積極的に諸活動を推進すること」を目的に、日本医師会が各医療関係者団体等に呼びかけ、発足した。これまでの活動としては、混合診療の導入反対、患者負担増反対等、国民皆保険制度を守るための活動や、禁煙推進運動などを行なってきた。

●参加団体一覧（五十音順）

1 健康・体力づくり事業財団／2 全国公私病院連盟／3 全国自治体病院協議会／4 全国腎臓病協議会／5 全国病院理学療法協会／6 全国訪問看護事業協会／7 全国有床診療所連絡協議会／8 全国老人保健施設協会／9 全日本鍼灸マッサージ師会／10 全日本病院協会／11 日本医業経営コンサルタント協会／12 日本医師会／13 日本医療教育財団／14 日本医療事務振興協会／15 日本医療社会事業協会／16 日本医療法人協会／17 日本医療保険事務協会／18 日本ウオーキング協会／19 日本栄養士会／20 日本介護福祉士会／21 日本学校保健会／22 日本看護協会／23 日本作業療法士協会／24 日本歯科医師会／25 日本歯科衛生士会／26 日本視能訓練士協会／27 日本柔道整復師会／28 日本鍼灸師会／29 日本精神科病院協会／30 日本精神保健福祉士協会／31 日本病院会／32 日本病院薬剤師会／33 日本放射線技師会／34 日本訪問看護振興財団／35 日本慢性期医療協会／36 日本薬剤師会／37 日本理学療法士協会／38 日本臨床衛生検査技師会／39 日本臨床工学技士会／40 認知症の人と家族の会

●主な役員

会長：日本医師会会長

副会長：日本歯科医師会会長／日本薬剤師会会長／日本看護協会会長

安全、安心な食とTPPは真っ向から対立する

消費者こそ反対の声を上げなければならないTPP

食政策センタービジョン21代表・埼玉大学非常勤講師　安田節子

例外なき関税撤廃で食料安全保障が崩壊

米国は、行き詰まった経済状況を輸出倍増によって打破しようと小国4カ国で始まったＴＰＰを格好の枠組みとして取り込み、米国主導のＴＰＰに変貌させました。その標的はＧＤＰの大きい日本市場です。

日本はすでに農業を最も開かされた国で、それが証拠に世界最大の農産物純輸入国です。ＴＰＰの例外なき関税撤廃によって、これまで守ってきた数少ない重要品目である北海道の乳製品、小麦、テンサイ、沖縄のサトウキビ、パイナップル生産などが壊滅的となります。地域経済は崩壊するでしょう。そして最後の砦である米の関税が撤廃されれば、日本の風景から水田の多くが消えます。食文化の消失、地域社会や国土の荒廃、そして食料安全保障を完全に失って独立国家の体をなさなくなるでしょう。

近年頻発する気象変動により、農産物輸出国が旱魃や洪水に見舞われ、大減産となっています。需給関係が緊張し、市場価格が不安定になった穀物先物市場に投機マネーが殺到し、実需とかけ離れたさらなる高騰をつくりだしています。投機マネーの規制が必要なのに先進諸国は及び腰のままです。そして今年に入って食料価格は過去最高のレベルに達しました。アルジェリア、チュニジア、エジプト、リビアなどで広がる独裁政権に対する民衆の反政府行動は、貧困に置かれ高騰した食料が手に入らないことが怒りの爆発の引き金になったのです。

ちなみにエジプトは、今では世界一の小麦輸入国です。こんな状況に至った背景には、ＩＭＦ（国際通貨基金）の融資を受けて、その返済のために構造調整プログラムを受

け入れたことがあります。金融や貿易の自由化、国営企業の民営化、規制緩和などを迫られ、結果、貿易赤字や対外債務は増え続け、失業や食料難、貧困など深刻な経済問題を引き起こしてきたのです。この構造調整と同じことがTPPで強いられると言えます。国内法より上位の国際協定という強制力を使って、徹底した関税撤廃、規制撤廃が実施され、外資に国を明け渡すことになるのです。

食料高騰で飢餓人口が上積みされる海外の混乱をよそに、現在、日本が安閑としていられるのは、主食の米を自給していること、小麦（粒）の輸入を政府が一元管理し価格調整をしていること、そして（たまたま）円高であるからです。

しかし、国際穀物相場の上昇に伴い小麦の国内売り渡し価格の調整にも限度があり、いま国内価格は上がり始めています。また高関税の小麦粉はこれまでほとんど輸入がなかったのが、関税撤廃となればどっと入ってきます。製粉業界は壊滅するでしょう。

輸入小麦粉の場合、ポストハーベスト（収穫後）農薬の残留が心配されるし、くん蒸、消毒の植物防疫処理がなされるため、粉をそのまま利用する小麦粉の安全性の懸念が強まります。また、小麦の関税収入が国内麦作振興の財源になっているのですが、関税撤廃でその財源も失われます。これは牛肉も同様です。牛肉にかかる関税38・5％の関税収入（年間1000億～1500億円）が独立行政法人農畜産業振興機構にプールされ、国内の子牛価格維持など畜産業振興のために使われています。関税撤廃により国内保護・振興の財源も失うことになるのです。

食料を戦略的兵器とするアメリカの政策

米国の手厚い不足払い制度は生産費以下で輸出できる実質輸出補助金であり、自由貿易をゆがめていますが、TPP（FTAも）はWTOと違ってこれを問題にしません。米国はTPPでは痛みを伴わず関税撤廃、規制撤廃の自由化要求ができるのです。

米国の「不足払い制度」が攻撃的な保護、食料戦略の一環といわれるのは、穀物を大量に生産し、安価に輸出することで相手国の農業を潰して米国の穀物に依存させる、それは米国に従属させることになるからです。不足払いの対象作物は、米、小麦、トウモロコシ、大豆、綿花です。日本は米国の食料戦略の「標的」であり、すでに米以外の穀物と飼料では支配されています。米の関税撤廃がおこなわれたら、米の自給率は10％台に落ちると試算されています。

なお、輸入国には関税撤廃義務を負わせているのに、輸出国には輸出義務はなく、さらに輸出禁止措置をとることもできます。米国には輸出管理法という、農作物の輸出の規制・禁止を定める法律があり、実際、1970年代の大豆輸出禁止令や対ソ連食料輸出全面禁止など、戦略的に禁止を発動しているのです。また穀物のなかで、わけても米の価格の急騰幅は激しく、08年は過去最大の１０００ドル／ｔに高騰、06年の3倍以上になりました。米は、とくに主産国であるアジア諸国では自給用がおもで、国際市場で流通する量が数％と薄いからです。米の自給を守ることがいかに大切で、生命線を守ることとなのだということを肝に命ずべきです。

日本の食品安全基準・規制は崩れ去る
――非関税障壁（規制）の撤廃

本来、貿易は相手国の安全基準など国内法を遵守しておこなわれるべきものです。しかし、日米同盟の名の下、米国の要求に従い、日本は国内規制を緩和させてきました。

１９８５年中曽根内閣のとき、米国の要求に呼応して市場開放（輸入の増大）のためのアクションプログラム（関税、輸入制限、基準認証、政府調達などの規制緩和）を打ち出し、その実施に向けて政策を推進してきました。

さらに小泉、ブッシュ会談のあと、２００２年から始まった年次改革要望書(注1)により毎年広い分野にわたり規制緩和、構造改革の詳細な要求が示され、歴代政権はこの内政干渉を受け入れてきました。独占禁止法改正、大規模小売店舗法廃止、建築基準法改正、労働者派遣法改正、人材派遣の自由化、郵政民営化などがおこなわれてきたのです。

政権交代がなって鳩山内閣が「要望書」を受ける日米規制改革委員会を廃止。鳩山内閣は潰され、菅内閣になって、行政刷新会議の「規制・制度改革に関する分科会」が米国要望に沿って規制緩和、改革策をまとめる作業をおこなっています。そして２０１１年3月5日、駐日米国大使館は年次改革要望書の復活版『日米経済調和対話』という要求リストを発表したのです。

米国からの規制改革に関する主な要望は通信、情報技術、医療機器・医薬品、金融サービス、競争政策、商法及び司法制度改革、流通、保険分野における制度等の見直し、検疫衛生（ＳＰＳ）措置等の国際基準への調和など広範な分野にわたっています。これらの分野はＴＰＰの規制撤廃24分野と重なり合っています。

食の安全規制に関しては、これまでも「国際基準への調和」を盾に食品安全の規制緩和が進められてきましたが、現在米国より提示されている以下の要求項目は、強制力をもつＴＰＰで丸呑みさせられることになるでしょう。

〈牛　肉〉

ＢＳＥ牛発生で輸入禁止とされた米国は日本の全頭検査を撤廃させ、月齢20カ月以下、危険部位の除去を条件に輸入再開させました。いま、米国は月齢規制の撤廃を強く要求しています。

世界一の突出した食肉生産量を誇る米国では、食肉のトレーサビリティは不可能で、かつ衛生管理は前近代的状況に置かれています。米国では死亡原因の1位がサルモネラで、O－157が頻発するなど食品汚染のすさまじい実態があります。死者の続出を受け、70年ぶりの改革で「食品安全近代化法」が2011年1月4日に成立したばかりです。食品製造のHACCP（注2）義務化やFDA（米国食品医薬品局）の回収命令、査察の権限強化をはかりました。ところが、O－157の出所は畜産なのに食肉関連は農務省管轄との理屈で対象外なのです。巨大食肉産業の働きかけがあったのかもしれません。

米国では工業的畜産が生み出す数多くの「へたり牛」にBSEがまぎれている可能性や、遺伝子組み換えの飼料や米国だけが認可した人工ホルモン剤使用などいくつもの問題を抱えています。そんな肉を日本の安全規制を緩和して無制限に輸入してよいはずはありません。

〈食品添加物〉

米国はコーデックス国際規格や輸出国で認められた添加物の承認を増やすよう、また審査時間の短縮・迅速化を要求しています。

世界中から食料を輸入する日本は、貿易障壁とされないよう、すでに1500品目もの食品添加物を指定認可。米国からのさらなる指定要求に政府は企業申請がないのに自ら未指定45品目をリストアップ、これらのデータを集めて審査・指定に取り組む有様です。先の行政刷新会議は承認手続きの簡素化、迅速化のためのルール整備をおこなうとしています。今般の『日米経済調和対話』では要求した品目のうちまだ6種類の食品添加物の審査が終了していないと脅しをかけてきています。

なりふり構わずの指定ラッシュのなかで、これまで規制してきた抗生物質の食品添加物使用や魚介類への着色料使用認可もなされました。食品添加物の複合毒性研究で子どもの多動症への関連を指摘した英国の研究もあり、とくに子どもへの影響が懸念されます。体にとって異物である食品添加物は極力制限するとした1972年の国会付帯決議は雲散霧消の現実なのです。

〈農　薬〉

①ポストハーベスト（PH、収穫後）農薬についての驚くべき要求

米国が輸出する柑橘類やサクランボなど果物には防カビ用の殺菌剤（OPP、TBZ、イマザリル、ジフェニールなど）がPH農薬として使用されています。

日本の法律では農作物の収穫後に農薬を使うことは認めていません。それで、日本政府は苦肉の策としてこれらの殺菌剤を保存のための食品添加物として認めるという方便をとってきたのです。ところがいま米国は食品添加物では

なく農薬として、収穫前、収穫後の区別なく最大残留農薬基準を設定して認めよと要求しています。食品添加物には表示義務があり、農薬には表示義務がないからでしょう。

ちなみにサクランボについて、殺菌剤のキャプタンは日本の基準は５ppmですが、ＰＨ使用を認める米国基準１００ppmが適用されれば20倍の緩和になります。米の場合、殺虫剤マラチオンは日本０・１が米国８で80倍、同じく殺虫剤のクロルピリホスは日本０・１が米国６・０で60倍という具合です。このようにＰＨ使用を許容する高い農薬残留値が設定されれば、輸入食品からの摂取と併せ、生育中にも適用され、国民の農薬摂取量は懸念されるレベルになるでしょう。

②一律基準の農薬には輸出国基準を設定せよと要求

日本では残留基準値設定以外の農薬は一律基準０・01ppmが適用されます。しかし、米国は０・01ではなく、輸出国（米国）基準で認めるよう要求。ＰＨ使用を認める米国許容値は概して大変緩いといえます。例えば大豆について殺菌剤ピリメタニルは一律基準０・01ppmが適用されますが、米国許容値は０・１なので10倍も緩くなるのです。トウモロコシの殺虫剤ホノホスも一律基準適用ですが、米国０・１で、これも日本の10倍です。小麦の場合、殺菌剤イマザリルは日本０・01が米国０・５で50倍となります（注3）。

また、加工・調理過程で減少する分を考慮した算出方法に変更して残留基準値を緩和せよとか、新規農薬の一層の利用促進などを要求しています。

〈栄養補助食品・特定保健用食品〉

（本来規制すべき）健康強調表示を認めて販売規制を緩和することや、米国業界に政府の審議会委員として参加する機会を与えよと要求。また米国で認可されている、栄養補助食品に使用できる添加物、溶媒および化学合成栄養素の認可リストの拡大を求めています。

この他、国際規格や輸出国基準への調和を盾に、米国で容認された放射線照射や体細胞クローン家畜の畜産物、遺伝子組み換え食品（作物、果物、魚、動物）の輸入を拒否できなくなるでしょう。

このように日本の食品安全基準・規制は崩れ去ることになります。国民の健康は確実に損なわれていくでしょう。

〈有機農作物の基準緩和要求にも要警戒〉

また、「日米経済調和対話」に新たに出てきた有機農作物の基準にも警戒する必要があります。「科学に基づいた基準を有機農作物に使用される生産資材の環境への安全性の評価に適用し、有機農産物の貿易の強化を目的に現行の残留農薬政策を修正し、さらに両国市場において有機農産物の表示に取り組むために協力する」とあります。

具体的要求がなにを指すのか今のところ不明ですが、使用可能な種子や肥料、農薬の拡大かもしれません。米国では拡大する有機市場に大手企業が参入を始めており、合成栄養補助剤投与、過密飼いの有機鶏肉、亜硫酸塩入り有機ワイン、ナノテクノロジー利用、有機畜産物に非有機成分利用などをロビーイングしているとして有機農家たちが警戒を強めています。

遺伝子組み換え食品表示ができなくなる？ ——危険な「紛争解決」規定

ＴＰＰの規制緩和24分野の「紛争解決」に目を留める必要があります。これは１９９０年代半ば、国際的批判を浴びて頓挫した「多国間投資協定」（ＭＡＩ）の復活と指摘されています。ＭＡＩでは「投資の無差別化」の原則により、進出企業に最恵国待遇、内国民待遇を義務付け、絶対的自由を保障。「投資の保護」の原則で、外国人投資家に相手国政府を提訴できる損害賠償請求権を与えています。外資が規制によって利益の侵害を受けたと見なされると政府を訴えることができるのです。

米国は日本の遺伝子組み換え食品表示の撤廃を求めています。ＴＰＰの「紛争解決」規定を使って日本の表示制度が輸出に不利、差別的として政府を訴え賠償や規制撤廃を求めるかもしれません。

「紛争解決」は課税から経済的規制、安全、環境のための社会的規制まで多くの規制措置がその対象となり得ます。北海道ニセコ町が水源保護条例を定めましたが、そうした条例も危うくなります。農地法改正で農地の企業利用が認められましたが、外資の農地取得など、国土の切り売りが始まるでしょう。「紛争解決」は国家主権の侵害、民主主義の制限につながる危険性があります。

なおこの問題については本書所収関岡英之氏の論考「危険、野蛮この上ないＴＰＰ『投資』協定」も参考にしてください。

ジェネリック医薬品や種子も使えなくなる？ ——知的所有権の強化にともなう危険

米国はＴＰＰでＷＴＯルール以上の知的所有権の強化を求めています。ニュージーランドの市民団体はジェネリック薬（特許切れによって、同じ成分でも安価な薬）が出回りにくくなると警戒しています。また米国は、種子の特許を幅広く認めています。遺伝子組み換え種子のみならず、普通の種子でも特徴ある遺伝子を特定しただけで特許を取ることができます。知的所有権の強化が米国特許の受け入れだとすれば、知らずに播いた種が特許侵害として訴えられることもあり得るのです。

このようにＴＰＰは食料安全保障を剥ぎ取り、食の安全を踏み倒し、外資に国土、資源、資産を明け渡し、産業秩序や働く人びとの暮らしを破壊するものです。消費者・市民すべてに影響を及ぼすのです。グローバリズム（自由貿易至上主義）で利益を得るのは誰なのか、気がつくべきです。食料は高い安いで生産したり止めたりする商品では困るのです。必要な作物が必要な量、生産し続けられるよう国家の保護が必要なのです。ほとんどの国が手厚い農業保護をしています。また食料はいのちを守る品質でなければなりません。確かな規格、安全規制が必要なのです。それが国家主権、食料主権です。食料主権とは国際的な貿易協定に左右されない主権の一部をなすものであり、国際的な農民団体ビア・カンペシーナでは２００３年1月の声明で、「国内の農業生産を保護し、管理するのも、また何を国内で生産し、何を輸入するか、生産と貿易を決定するのもその国の人達の当然の権利である」と規定しています。

世界の原油生産量は２００６年、ピーク（増産の限界）を越したと発表され、石油エネルギーに依存して繰り広げられたグローバリズムは終焉が近いのです。私たちは食料とエネルギーの自給度、および社会的諸制度の自律性を高めることが迫られています。それに敵対するＴＰＰは、亡国の道以外の何ものでもありません。

（やすだ　せつこ）

注

（1）「日米規制改革および競争政策イニシアティブに基づく、日本国政府への米国政府要望書」。

（2）食品製造過程で危害要因を分析し除去できる工程管理。

（3）輸出国における農薬等の使用状況等に関する調査（国立医薬品食品衛生研究所平成17及び18年度調査）。

TPPよりも地球の掟

生活経済論から暴く自由貿易の弊害

立命館大学国際関係学部教授　高橋伸彰

原理主義としての自由貿易論

自由貿易が望ましいというのは、新古典派と呼ばれる正統派経済学の「常識」である。しかし、新古典派の「常識」が本当に正しいのなら、なぜ国際的にも、また国内的にも貿易の自由化をめぐる交渉は難航し、その是非や影響をめぐる論争や対立が後を絶たないのだろうか。

ケインズの高弟として有名なジョーン・ロビンソン（『異端の経済学』）によれば、「（自由貿易）の命題はそれぞれはじめに定常状態にあり、与えられた資源は完全競争のルールのもとで完全に雇用されているような二つの国を考える。そして、他の条件は変わらないまま貿易を行ない、輸入は輸出と等しくなるような均衡状態」を前提にしなければ成立しない。逆に言えば、寡占や独占により市場が不完全だったり、国内に失業者が存在したりする現実の世界においては、自由貿易のルールを守らずに国内品と競合する輸入品に高率の関税をかけたり、石油やレアアース（希土類）のような稀少資源の保有国が輸出量を制限して価格をつり上げたりすることによって、交易条件を自国に有利なかたちに変えることが可能なのである。

だから自由貿易の利益を世界中の国々に均霑させるためには、規制や保護を廃し、市場原理を徹底して完全競争や完全雇用の実現に努めることが必要だと新古典派は主張する。実際、GATT（関税及び貿易に関する一般協定）やWTO（世界貿易機関）の設立を通して、各国が自転車を漕ぐような努力を続けているのも、自由貿易の利益を実現するためだと言うのだ。しかし、非現実的な前提を置かなければ成立しない自由貿易のモデルを、そのまま世界経済に適用しようとする考えは、ベッドの長さに合わせて足を切ったり、引き伸ばしたりして宿泊客を次々と殺した、ギリシャ神話に登場する「プロクルステスのベッド」的な原理主義に他ならない。言うまでもなく、自由貿易の利益はプロクルステスが正しいとしたベッドの長さにすぎず、その犠牲にされているのが現に生きている人びとの生活である。

〝消費者優先〟の欺瞞

市場原理の下では同じ商品であれば一番高い値段を付けた人に売り、一番安い値段を付けた人から買うのが「効率的」といわれる。実際、コップ一杯の水に10円しか払えない渇きで死にそうな貧しい人よりも、千円払っても水が欲しいという二日酔いで頭の痛い金持ちのほうが市場では優先されるのだ。また、丹精を込めて大事に育てた野菜も、大規模農場で大量生産された野菜も、市場で同じ野菜と判断されれば、価格が高いほうの野菜は売れ残り、淘汰されてしまうことになる。そこでは、生産や消費に必要な情報はすべて価格に反映されており、その競争に勝ち残った者同士による商品の売買こそが、満足度と効率性の高い経済社会を築くと信じられているのだ。

実際、多くの小さな商店が棲み分けて共存している商店街の近くに大きなスーパーが出店すると、たちまち商店街は寂れてしまう。スーパーのほうが品揃えや価格、あるいは便利さなどの面で商店街よりも高い満足（利益）を消費者に与えるのだから、そうした淘汰による新陳代謝は望ましいというのが市場原理である。

しかし、地元の商店街が寂れ大手スーパーが勝ち残れば消費者の利益（満足）は本当に高まるのだろうか。新古典派が想定するように、消費者は自らが購入する商品に関して生産者や販売者と同じレベルの情報を持っているわけではない。スーパーでパック詰めの肉や魚あるいは野菜や果物の品質を普通の消費者が外から見て判断するのは難しい。これに対し地元の商店街では、店の人が実際に商品を手にとり「このりんごは蜜が入っていて甘いよ」とか、「この魚は今が旬で美味しいよ」と声をかけてくれる。もし、店の人が言うほどに美味しくなかったり新鮮ではなかったりしたときは、次の機会に文句の一つも言えば「おまけ」や「値引き」の形で商店街の店なら〝弁償〟してくれるはずだ。そこには経済学でいう「長期相対取引」による相互信頼があり、店の人が伝えてくれる情報はパックのラベルに印刷されている産地とか種類などの「記号」的な情報以上に、消費者にとっては「意味」のある情報となっているのだ。

また、商店街とは、単に商品を売っているだけの「場」ではなく、商店街に住む人びとが相互に協力して生きている「生活の場」でもある。日々の付き合いや町内会での集まりなどを通して、困ったことがあれば助け合い、楽しいことがあれば一緒になって喜び合いながらコミュニティを形成している。その意味で商店街の衰退は、地域で暮らしていた人びとの生活崩壊にもつながるのだ。こうした統計では測ることのできない生活の「痛み」を、測ることのできる金銭的な消費者の「利益」で相殺しようとするのは欺瞞に他ならない。これと同じ欺瞞が、世界中から安い商品が入ってくれれば日本の消費者は利益を得られると言うTPP推進派の理屈にも潜んでいる。

人間は「経済合理人」ではない

フランスの経済学者ミシェル・ボーは「欲求を充足するのが経済の目的なら、なぜ現代の強大な経済力は、これほどに充たされない欲求の数々を放置しているのか」という自らの問いに、「この経済においては、購買力の裏づけのある欲求、すなわち金銭的ないし所得支出の対象となり得るものしか着目されない。また、支払能力なき膨大な欲求は、たとえそれが生命の維持に必要かつ不可欠なものであっても無視される時代になった」と答えている(『大反転する世界』)。

自由貿易によって満たされる「需要」とは、まさにミシェル・ボーの言う「購買力の裏づけのある欲求」に他ならず、生きていくために必要なものが不足している人びとの「欲求」が自由貿易によって満たされる保証はどこにもないのである。

自由貿易が成立して海外から一円でも安い商品が入ってくれば大歓迎だという消費者は、市場経済の「虜」であり、伝統的な経済学が想定する「経済合理人」でもある。そうした経済合理人で溢れる社会の顛末はケインズが『自由放任の終焉』で紹介した「できるかぎり高いところにある木の枝から葉をむしりとることが生活の目的であるとするなら、この目的を達成するのにもっとも適合した方法は、いちばん首の長いキリンがそれより首の短いキリンを餓死させてしまう」ような、強者が闊歩し弱者が排除される世界に他ならない。

こうした首の長いキリンと短いキリンとの葛藤が展開される世界こそ、自由貿易の目指す世界に他ならない。それは、強者と弱者が同じ土俵に上がって競争することを強いられる世界でもある。それでも新古典派が自由貿易を薦めるのは、世界の所得が増え、人びとの生活が豊かになるからだという。だが、この議論はどこまで現実的だろうか。言うまでもなく非現実的な前提や条件を置いて導出された経済学の帰結ほど無意味で、かつ有害なものはない。いわんや、そうした「有害」な理論をもって自由貿易の利益を説き、反対する者を「非合理」だとか「非効率」だと呼んで批判するのは言語道断である。

『世界を不幸にしたグローバリズムの正体』などで、ＷＴＯやＩＭＦおよび世界銀行による市場原理主義的な自由化や民営化を批判した経済学者スティグリッツも、自ら著した経済学のテキストでは、消費者の効用最大化モデルが「消費者の現実の思考過程を反映していない」という批判に対して、ハスラーが「1打ごとに運動方程式を考えて」ビリヤードの球を打っていないからといって、運動（力学）法則は非現実的だと主張するようなものだと反論している。

スティグリッツの経済モデル擁護論は一見すると正論のようだが、そこで見落とされているのはビリヤードの「球」と違って人間には意思と心があるということだ。経済学のモデルが理論的に正しく、「信頼に足る予測を行うに十分なものだ」としても、人間はハスラーに突かれたビリヤードの「球」とは異なり、理論どおりに行動するとはかぎらない。自分にとって大切なことがあれば、あえて理論モデルに反しても大切なほうを選択する意思と心をもっているのが人間だからである。

そこに経済学の「理論」だけでは豊かな社会を実現できなかったり、人間が幸福になれなかったりする理由が潜んでいる。ＴＰＰが間違っているのは、経済学の「理論」や「モデル」に対して、忠実に行動するほど生活はゆたかになり、人間は幸せになると考えている点だ。この発想が逆立ちしていることは言うまでもない。

成長と豊かさは違う

経済政策の目的は生活している人間にとってより良い社会を築くことにある。雇用を破壊し経済格差を拡大してもＧＤＰさえ増えれば、いずれ人びとの生活も豊かになるという安易なトリクルダウン説は本末転倒である。

より高い所得やより多くの貨幣がなければ、より豊かな生活はできないというのは幻想にすぎない。所得と幸福度の関係を計量的に分析したフライ＆スタッツァー（『幸福の政治経済学』）によれば、一人当たりＧＤＰが一万ドルくらいまでは両者の間に高い相関が見られるが、一万ドルを超えると相関は見られなくなるという。一人当たり一万ドルという水準は、アメリカでいえばベトナム戦争が始まる前の１９６０年代、また日本ではバブルが始まる前の70年代後半の時期であり、世論調査で「心の豊かさ」と「物の豊かさ」のどちらを重視するかという問いに対する回答割合が拮抗し始めた時期とも重なっている。

そもそも人間の欲望は無限だから、自由貿易によって少しでも大きなＧＤＰを目指すべきだという議論には矛盾がある。なぜなら欲望が無限なら、有限のＧＤＰをどんなに大きくしても欲望とＧＤＰとの距離は縮まらないからだ。

つまり経済成長は無限の欲望を満たす手段にはなり得ないのだ。それでも成長が必要だと主張する人は、単に多ければ多いほど、大きければ大きいほど望ましいという拡大主義者にすぎない。そこでは成長は手段ではなく目的と化しており、人間としての幸福や豊かさを享受するよりも、成長の「奴隷」として一円でも多く稼ぎ一円でも多く消費するように強いられてしまうのだ。

マクロ経済学者の吉川洋氏は成長に否定的な人の考えを、「老子」の思想と重ねて、「現代社会において『反経済』『反近代主義』を唱える人は、自らが病気になったときに抗生物質の使用を拒否するのだろうか。そのとき初めて『文明のありがたさ』を思い知るのではないか」(「今経済学に何が問われているか」)と言って批判する。

しかし、経済統計としてのGDPは増えなくても、その生産に必要なインプットの量や質、あるいは生産されるアウトプットの中身を変えることによって、人びとの福祉を向上させることは可能である。月並みだが、生産に投入されるエネルギーが化石燃料から再生可能なエネルギーに変われば、GDPは増えなくても地球環境の保全を通して人びとの生活は豊かになる。また、所得は増えなくても労働時間が減れば家族や親しい人との団欒も増える。さらに、通信技術の進歩によって安価な通信費で高度なコミュニケーションができるようになればGDPは増えなくても、人びとの世界は広がるはずだ。

TPPよりも地球の掟

GDPの拡大を目的とする成長政策とは異なり、分配政策の目的は経済格差によって生じる様々な問題の緩和にある。

誤解がないように付言すれば、分配とは高きから低きに向けて一方的に所得を移転する「完全平等」政策ではない。人間としての尊厳を維持しながら社会生活を営むために最低限必要となる社会サービスの費用を、各世帯あるいは各個人の間で経済力に応じて「分かちあう」政策である。

所得や資産の少ない人の負担が少ないからといって、負担が少ない人ほど「幸福」なわけではない。そもそも重い病気を罹って膨大な医療費がかかったが、医療保険のお陰で自己負担は安く済んだといって「儲けた」と喜ぶ人はいない。むしろ、病気などには罹らずに健康で生活できるほうが人びとにとってはよほど「幸福」に違いない。同じことは雇用保険や介護保険についても言える。また、死別や離別によって母子家庭になったり生活保護を受けざるを得なかったりする場合にも、給付を受ける立場の人間からいえば、そうした給付を受けずに自立した生活を送れるほうが「幸福」に違いない。

このように、本来なら受けないほうがずっと「幸福」なのに、不幸にも自助努力や自己責任だけでは生活上の困難に対応できない状況に陥ったとき、不安を抱かずに安心して生活できる仕組みを提供するのが分配政策の目的である。

それにもかかわらず弱者に対する政策的支援の必要性を唱えると、支援の前に真の弱者を絞り込むことが必要だと反論する識者は後を絶たない。反論の理由は、弱者といっても自助努力を怠ったり、既得権益を手放さずに過分な保障を受けたり、本当は強者なのに弱者のふりしている者が多いからだと言う。しかし、どのようにして真の弱者を絞り込むのか、また、絞り込む過程で本当に支援を必要とする弱者まで排除される危険はないのかについて十分な検討もおこなわずに、一方的に弱者支援を批判するのは、あまりに短絡的ではないだろうか。とくに、財源不足を理由にして一律に給付を削ったり、負担を増やしたりすれば、所得の低い弱者から順番に社会サービスから「排除」される可能性が高いことを見落としてはならない。

１９７１年にローマクラブが発表した『成長の限界』のプロジェクトに参加したことで、人生が大きく変わったドネラ・Ｈ・メドウズは、享年五九で世を去る前に書き綴ったコラムの中で、いまだに気づかない人類に「私たちがありったけの爆弾を爆発させて、地球上に生き残ったのはわずかな原生バクテリアだけになってしまったとしても、バクテリアたちは平然と、数十億年前と同じように新たな種の変化を始める」と述べ、危険にさらされているのは地球ではなく「私たちが後生大事にしている…『永久に続く経済成長』という幻想」だと警告した。そう考えると、成長によるゆたかさを目指すＴＰＰへの参加よりも、「足るを知る」地球の掟を選択するほうが、はるかに重要なことがわかるはずである。

〈引用・参考文献〉

ジョーン・ロビンソン『異端の経済学』宇沢弘文訳、１９７３年、日本経済新聞社。

ミシェル・ボー『大反転する世界』筆宝康之・吉武立雄訳、２００２年、藤原書店。

Ｊ・Ｍ・ケインズ『自由放任の終焉』（ケインズ全集第９巻）宮崎義一訳、１９８１年、東洋経済新報社。

ジョセフ・Ｅ・スティグリッツ『世界を不幸にしたグローバリズムの正体』鈴木主税訳２００２年、徳間書店。

Ｂ・Ｓ・フライ＆Ａ・スタッツァー『幸福の政治経済学』佐和隆光訳、２００５年、ダイヤモンド社。

吉川洋「いま経済学に何が問われているか」『現代思想』２００９年８月号。

（たかはし　のぶあき）

労働の尊厳を壊すTPP

執拗な米国による労働規制緩和要求を許すな

ノンフィクション作家　関岡英之

本書PART1の拙稿で明らかにした「投資」における「自由」を求めるアメリカの要求と裏腹の関係にあるのが、「労働」分野における規制緩和の目論見だ。このアメリカの目論見がTPPにおいて実現すると、労働者の権利はぼろぼろにさせられる危険性が極めて高い。そして、この目論見は最近になって出てきたものでなく、1980年代末から執拗に追求されてきた根深いものである。その歴史も振り返りながら問題点を浮き彫りにしたい。

グローバル経済下、ソーシャルダンピングを非難するアメリカの狙い

TPPの24作業部会の一つである「労働」も「投資」と同様、シンガポール、ニュージーランド、チリ、ブルネイの4カ国間オリジナルTPPでは協定本文に存在せず、のちに参加表明した米国があえて追加した分野である。労働分野はWTOの協定にも、日本がこれまで締結してきた2国間EPAにも存在しない。

労働分野の国際的ルールは、米国がNAFTA（North American Free Trade Agreement　北米自由貿易協定）で初めて導入したもので、その後、米国は2国間EPAを締結する際、必ずこの分野を入れるよう要求してきている。

どのような内容かというと、貿易を促進するために国内の労働関連法規や労働基準を緩和してはならないというもので、その目的は、労働者の権利を守るためだとされている。

株主資本主義の米国が、なぜこのような「左翼的」な主張を展開するのか、不思議に思う読者が少なくないだろう。もちろん、「労働者の権利擁護」というのはあくまで

も建前にすぎない。真の狙いは、発展途上国の国際競争力を削ぐことにある。途上国が低賃金を武器に安価な工業製品を米国に輸出すれば、人件費の高い米国は太刀打ちできない。米国はこれを「ソーシャルダンピング」だと非難を浴びせてきたのである。

ソーシャルダンピングという非難は、米国に限らず先進国が新興国の追い上げに直面した際にしばしば発せられるもので、第一次世界大戦後、綿紡績品の分野で輸出世界一の座を日本に奪われた英国も、女工の低賃金・長時間労働をあげつらって日本を激しく糾弾した。

第二次世界大戦後、GHQが占領期間中に「民主化」の美名の下に、労働組合法・労働基準法・労働関係調整法（労働三法）を公布し、日本国憲法第28条に団結権・団体交渉権・団体行動権（労働三権）を盛り込み、メーデーを復活させ、共産党幹部を獄中から釈放したのも、二度と米国の脅威にならないよう、日本の経済力を弱体化させることが狙いであった。労働者の待遇が改善されればされるほど、日本の工業部門を高コスト・低生産性体質にすることができると考えたのである。

NAFTAを締結する際も、米国はメキシコに対して、賃金水準の引き上げ、法定最低賃金の保障や児童労働の禁止、違反した使用者への罰則強化など、同国の労働政策に干渉する道を確保するために、自由貿易協定に「労働」分野を持ち込んだわけである。

TPP交渉で変質する恐れ ——「投資」優先段階のアメリカのねらい

ならば今回、米国がTPPに「労働」分野を追加してきたのも同じ理由からであろうか。そうとは考えにくい。

TPP拡大交渉に参加している9カ国は、米国以外はすべて経済規模が小さく、工業力で米国を脅かすとは思えないような国ばかりだ。米国のTPP戦略の真の狙いが日本を引き込むことだとすれば、日本の人件費はすでに十分高水準に達しており、国際競争力を引き下げる最大の要因となっている。ならばなぜ米国はTPPに「労働」分野を追加したのか。

本書PART1の拙稿で触れたように、米国のグローバル化戦略は、すでに「貿易から投資へ」と重点がシフトしている。貿易戦略においては、米国は工業製品の輸入国の立場で労働分野をとらえていた。相手国の労働者の権利を強化することが、米国の国益にかなっていた。しかし投資戦略においては米国の論理は180度逆転する。

米国人が考える国際投資戦略とは、相手国のどんな企業を買収し、いかに転売してキャピタルゲイン（売却益）を稼ぐかが目標となる。投資家やファンドマネージャーが企業を買収するのは、企業を永続的に経営するためではなく、売買して利ざやを稼ぐためである。日本の老舗ソース会社を買収した米国人のファンド経営者は「ソースは嫌いだ」と言い放った。

したがって買収後は、できるだけ早く株価を大きく上げようとする。狙われやすいのは、多くの従業員や不動産などの資産を抱えながら、一時的な業績低迷のために株価が割安になっている老舗企業だ。こうした企業の株価を短期間で上昇させるには、従業員をリストラすることが最も手っ取り早い。工場や研究所、社員の社宅や保養所などの資産を売却すれば、さらに利益をあげることができる。

このような投資戦略から「労働」分野を捉えればどうなるかは自明であろう。労働者の権利や労働組合の力は弱ければ弱いほど好ましい。労働関連法規や労働基準は徹底的に骨抜きにされたほうが好都合だ。

したがって、もし米国の戦略において、TPPが日米二国間EPAのオルタナティブだとすれば、労働分野において米国が持ち出してくるのは、労働者の権利擁護どころか、その真逆の可能性がある。現に、米国は1990年代から日本の労働分野に関して様々な規制緩和を要求し、実現させてきたのだ。「格差社会」や「下流社会」をうみだす一因となったとされ、社会問題にもなった「派遣の自由化」もその一つである。それは日米投資イニシアティブというグローバル化戦略に立脚した外交上の枠組みを通じて「粛々と」おこなわれてきた。

日米投資イニシアティブにおける「労働」問題

米国の投資ルールのグローバル化戦略は、多国間交渉では失敗続きだったが、二国間ではかなりの成功をおさめてきている。その相手はほかでもない日本である。

1989年に、宇野宗佑総理とブッシュ（父）大統領とのあいだで、「日米構造協議」という外交上の枠組みが合意された。米国の提案によるもので、日米両国が互いに相手国の内政問題に要望を出し合うという建前だったが、実態は、米国による内政干渉を「合法化」したもので、米国による日本改造プログラムというべきものだった（詳しくは拙著『拒否できない日本』2004年、文春新書）を参照願いたい）。

日米構造協議は2年間の時限的措置だったため、これを継続するものとして1993年、宮澤喜一総理とビル・クリントン大統領の日米首脳会談で「日米経済包括協議」が合意された。その一環として「投資・企業間関係作業部会」が設置された。この作業部会を通じて、米国は日本の企業を買収しやすくするための様々な措置の導入を日本政府に迫ってきた。

1998年10月26日にサンフランシスコで開催されたこの部会で、米国は日本に対して「対日直接投資環境の改善に関する米国政府の提言」という文書を提示した。これは、米国の投資家やファンドによる日本企業の買収をやりやすくするための措置で、「米国政府は、日本政府が、とくに、次にあげる対日直接投資環境の改善に関する3つの主要事項に対する支援措置を講じることを要請する」として、「M&A」「土地」「労働」の3分野に関する要求が書き連ねられている。「労働」分野では、次の4項目が要求されていた。

①確定拠出型年金の早期導入

確定拠出型年金は「日本版401K」と呼ばれ、2001年に日本に導入された。従来の企業年金は、企業が運用し、将来の年金給付額を従業員に約束し、積み立てに不足が生じた場合は企業が責任をもって穴埋めしていたので確定給付型といわれていた。これに対して確定拠出型は、従業員が自己責任で運用しなければならず、将来年金が不足しても企業は穴埋めしてくれない。

一方的に企業側に都合のよい仕組みなのだが、2010年9月末現在、確定拠出型年金に加入しているサラリーマンは約360万人、企業年金加入者の2割に達している。投資に失敗して惨憺たる運用成績の人も少なくないと言われている。

米国が日本に確定拠出型年金の導入を要求したのは、企業を買収した後の年金給付負担を軽減するという狙いももちろんあるだろうが、もっと深い思惑がある。

1998年の米国政府の提言書には、確定拠出型年金のポータビリティ（可搬性）を高め、日本の労働市場の流動性を高めるための措置だということがはっきり書かれている。「労働市場の流動性を高める」とは、要するに従業員、とりわけ中高年の転退職を容易にするという意味にほかならない。

確定拠出型年金は、雇用者側である企業は運用や給付に責任を負わず、その巧拙や受給額は従業員個人に帰属するものなので、企業と従業員の関係を希薄化する。端的にいえば、終身雇用制を破壊する効果があると考えられているのだ。

②有料職業紹介事業の規制撤廃

米国政府はアウトプレースメントの自由化を求めている。アウトプレースメントとは、失業者から依頼を受けて働き口を斡旋する通常の職業紹介所とは逆に、従業員を削減したい企業から依頼を受けて、解雇される従業員の再就職を「支援」する制度だ。これは企業が安易にリストラに踏み切る誘因になりうる。

③労働者派遣事業の自由化

日本政府は1999年、製造業など一部を除き、労働者派遣事業の原則自由化に踏み切った。その前年、98年の米国政府の提言書には、派遣の対象業種や契約期間などに関し、「米国政府は、日本政府に対し、労働者派遣業に課せられた規制を早急に緩和することを提言する」とはっきりと書かれている。

いうまでもなく米国の狙いは、日本企業を買収した後のリストラが容易になるように、あらかじめ非正規雇用労働者の割合を増加させておくことにあった。

2004年、小泉純一郎政権は派遣期間の上限を原則1年から3年に延長し、さらに野党などの反対意見を押し切って、製造業への労働者派遣の解禁にも踏み切った。

こうした社会的風潮を追い風として、企業は人件費を抑制するため、正規雇用者の新規採用を手控え、派遣社員や契約社員などの採用に切り替えていった。いまや労働者の3人に1人が非正規雇用者で、その数は約1755万人に達する状況となっている。

④労働基準法における労働者の権利や福利の後退

1998年の米国政府の提言をそのまま引用する。

「労働規則に関する過度に厳しい規制及び書類の提出義務等の煩雑な官僚的手続きは、不必要にコストを増大させ、企業活動の効率を低下させることになる。米国政府は、日本政府が日本の労働環境の著しい変化に照らし合わせて、労働基準法における幾多の規制の必要性を再検討することを提言する」

ここで述べられているのは、コスト削減と効率性しか眼中になく、労働者の権利や福利を一顧だにしない、米国流の株主資本主義の論理そのものであり、労使協調、全社一丸となって幾多の苦難を乗り越えてきた、かつての日本型資本主義とはまったく相容れない異質なものである。

「労働」分野における米国の要求は、まだ実現していないものもある。2006年6月の『日米投資イニシアティブ報告書』には、「労働法制」という項目があり、労働者派遣法のさらなる緩和、確定拠出型年金のさらなる規制緩和、「ホワイトカラー・エグゼンプション制度」の導入、「解雇紛争への金銭的解決の導入」の4点が要求されている。

同年12月、安倍晋三政権は「ホワイトカラー・エグゼンプション」(ホワイトカラー労働時間規制適用免除制度)の導入を審議会に諮問した。これは事務系サラリーマンの休日出勤や時間外労働に関わる労働基準法上の規制の適用を免除するというもので、ホワイトカラーの人件費抑制を狙っていることが見えみえだったため、マスコミから「残業代ゼロ法案」と集中砲火を浴びた。安倍政権がわずか1年で退陣したこともあり、現在まで実現されないままとなっている。

4番目に挙げられている「解雇紛争への金銭的解決の導

入」とはどういうことかというと、日本では解雇が不当か否かは、裁判で決着するしかない。裁判所の判例として、「合理的かつ論理的な理由が存在しなければ解雇できない」とする「解雇権濫用の法理」が存在するため、企業は滅多なことでは解雇に踏み切ることはできない。もし「不当解雇」という判決が下されれば、解雇した従業員を復職させなければならない。

そこで、裁判に持ち込まず、金銭的解決すなわち裁判外での示談による解決を制度的に導入することによって、解雇を容易にしようという動きがある。これが実現されれば、正規雇用の非正規化の第一歩となり、正社員といえども安泰ではなくなる。

この問題については、みんなの党が２０１１年3月4日に発表した「規制改革緊急推進プラン（素案）」の中で、次のように提言している。

「解雇規制の見直しについて早急に検討し、国際標準にあった労働法制を再構築する。

（注）我が国の労働法制については、かねてより、正社員（労働組合構成員）を過度に保護し（いったん雇ったら原則解雇できない）、労働の流動性や企業活動を妨げているとの指摘があり。経済状況が悪化した際に新規採用が過度に抑制されるのも、こうした労働法制が一因」

「国際標準にあった労働法制」とは何を指すのか説明されていないし、「解雇紛争への金銭的解決の導入」という言葉も使われてはいないものの、「いったん雇ったら原則解雇できない」という現状が、「労働の流動性や企業活動を妨げている」という認識は、米国の主張とみごとに一致している。

日本経済新聞のアンケートによれば、みんなの党はＴＰＰ交渉参加に「賛成」と明言している唯一の政党だ。ちなみに民主党、自民党、公明党、たちあがれ日本は「どちらとも言えない」と回答、共産党、社民党、国民新党は「反対」と明言している（日本経済新聞、２０１１年3月5日）。

結語

日米投資イニシアティブにおける「労働」分野に関する米国の要望の多くは、日本の労働者の権利擁護を目的としたものではなかったことは、もはや誰の目にも歴然としている。今回のＴＰＰの「労働」分野における米国の戦略は、その延長線上にあるものだ。それは日本の社会に広範かつ甚大な影響を与えうる。連合（日本労働組合総連合会）などはＴＰＰ参加に前向きと聞くが、こうした点をも吟味したうえでのことなのだろうか。

（せきおか　ひでゆき）

生物多様性と生態系サービスの損失を加速するTPP

東京大学大学院農学生命科学研究科教授　鷲谷いづみ

ＴＰＰは、日本の社会のみならず自然にも多大な影響を与えることが懸念される。ここでは、保全生態学の視点から、生物多様性と生態系に及ぼすであろう甚大な悪影響を予測してみたい。

「工業化した農業」が招く地球環境安全圏からの逸脱

現在の人間活動は、総体として、すでに地球環境を安全・安定に保ちうる範囲から大きく逸脱させる影響を与えており、その主要な2つの原因とされているのは、「化石燃料への過度の依存」と「工業化した農業」である。将来、生態系は臨界点（tipping point）を超えて、人類に多くの試練を課すような状態に跳躍的に変化する可能性が指摘されている（生物多様性条約事務局２０１０ http://gbo3.cbd.int/）。

「工業化した農業」は、遠隔地で消費される商品としての作物を生産する、「市場が強く支配する」農業である。高い生産効率を実現するための、大規模モノカルチャー（単一栽培）と農薬・肥料の多投入にその特徴がある。そのような農業が支配的になれば、地域から多様な生息・生育場所が失われるとともに栄養汚染を含む汚染にさらされ、生物多様性は農地開発前に比べて著しく低下する。

このような農業のルーツは、かつてヨーロッパ列強諸国が侵略により確保した植民地において、侵入先の土地に古くから存在していた伝統的な農業システムとはまったく異質なモノカルチャーのプランテーションを経営し、同一作物を大量に生産したところにある。植民地が歴史的に解消された後にも、そこで確立された生産と交易の様式、すなわち、モノカルチャーで輸出用の安価な作物が大量に生産され、長距離を輸送されて輸入国で消費されるというパターンが継続し、経済のグローバル化によってむしろ拡大の一途を辿っているといえるだろう。日本が穀物や木材を、アメリカ大陸やオーストラリア大陸をはじめ、かつてヨーロッパ列強の植民地であった地域から大量に輸入していることは、その図式によくあてはまる。

単一生態系サービス強化がもたらす危機の連鎖

大規模モノカルチャーは、短期的には効率のよい生産を可能とするが、概して持続可能ではない。北アメリカのプレーリー（大草原）に開拓された農業地帯は、ヨーロッパ人の入植以来３００年もたたないうちに砂嵐地帯となった。肥沃な土壌は微塵となって消失し、１９３０年代には多くの農地が放棄されることとなった。現在では、大規模農業地帯が広がるミシッピ川上流域からの農業排水に由来する栄養汚染が、河口のメキシコ湾に毎年広大な死の海ともいえる無～低酸素水域を広げる。その影響範囲は、農業地帯にとどまらず海洋にまで及んでいるのだ。

モノカルチャーの多投入農業がもたらす生態学的な問題はそれだけではない。その作物を餌にする害虫や病原生物にとって、餌資源が確実に大量に存在すれば大発生は当然のことであり、それに対して「化学的な武器」ともいえる農薬で対応すれば、害虫の個体群は、適応変化して農薬に対する抵抗性を短期間のうちに進化させる。それに対して、新たな農薬を使うと、それに対しても害虫は抵抗性を進化させるというように、この「化学戦」はとめどもなく続いて、人間側には勝ち目がない。

個体数の多い害虫が抵抗性を容易に進化させる一方で、もともと個体数が少ない生物や人為的な環境変化のストレスで弱っている生物の多くがその化学戦の巻き添えになり、抵抗性を進化させる余力もなく、生態系から姿を消す。それは、授粉昆虫の世界的な欠乏を介して野生植物のみならず一部の作物に繁殖の危機をもたらしつつある。「実り無き秋」の蔓延である。

それは、かつては「自然の実り」を期待することができた農業生態系から、授粉という生態系サービス（生態系がそのはたらきによって人間社会に提供する便益）が失われたとみることもできる。市場のある作物の生産という特定の生態系サービスのみを強化すると、多様な生態系サービスを提供する潜在的な可能性を生物多様性とともに損なうことになりがちである。短期的な経済的利益が農業の現場を支配すれば、多様な生態系サービスを将来にわたって利用する可能性が損なわれる。そのような市場の失敗ともいえる状況こそが、地球環境を安全圏から逸脱させた最も根本的な原因の一つであるといえるだろう。

大津波が示した生態系サービスの低下

生態系サービスの中でも、特に「地域社会を災害から守る」サービスが、現在の日本において大きく低下している可能性を私たちに目の当たりにさせたのは、２０１１年３月11日に東北地方を襲った大地震にともなう大津波であった。

沿岸域を襲った津波の猛威を示す映像は、幾度ともなくテレビで流された。その中で目を引いたのは、破砕されたさまざまな物体のかけらや車、土台から離れた家などが、整備された広大な農地を含む人工的で平滑な地表面の上を内陸に向かって何にも阻まれずに流れていくさまであった。

かつて、沿岸域には、干潟や塩生湿地などが広がり、松林があった。それらの一部は農地に開発され、さらに「近代的な防災」を施して工業用地や住宅地が建設された。現代の沿岸域には、コンクリートで被覆された平らな地面、乾田化された水田に対する抵抗の小さい平坦な表面が広がっている。かつてのように、干潟、松林、湿田、木立など、「抵抗」として働く植生が十分な幅をもって存在していれば、その防災サービスによって、津波の被害はずっと小さくて済んだのではないだろうか。

今後、もし「強い農業」にむけた公共工事が、生態系をさらに単純化し、平坦で滑らかな土地を広げれば、地域社会を災害から守る生態系サービス、防災サービスはいっそう低下するだろう。

日本の生物多様性の危機と農業開発

イネは本来、氾濫原湿地を生育場所とする抽水植物である。抽水植物とは、水草のうち、葉や茎が水中から空気中にまで伸びている植物をさす。かつての水田は、イネが圧倒的に優占しているものの、イネだけではなく、多様なる動植物たちに、氾濫原の浅い沼などとよく似た生育・生息環境を提供していた。水源となる河川、ため池と水田は、水路で結ばれ、一体となって湿地ネットワークをつくり、氾濫原に農地が開発されたのちには、多くの氾濫原の生物がこの水系ネットワークを利用して生活してきた。ナマズやフナが、春先に湖や河川から水路を通って水田にまで上がって産卵するなどがその例である。

田畑のまわりには、灌漑用の溜池や水路に加えて、樹林や草原など植物資源の採集の場が配置され、水域と樹林の組み合わせは、カエルやサンショウウオなどの両生類、トンボ類など、幼生は水の中で暮らし、成長すると樹林で暮らす生きものにとっては、理想的な生息環境を提供した。

現在、日本列島には、61種の両生類が生息し、その固有種率（日本にのみ生息する種の割合）は74％にものぼる。

ちなみに同じ北半球の温帯に属する島国の英国では両生類はわずか7種のみしか生息せず、固有な種は存在しない。日本には200種近いトンボ類が生息しているが、英国でみられるトンボは34種にすぎず、日本には、ヨーロッパのすべての種をあわせたよりも多くのトンボの仲間が生息している。

両生類やトンボ類のこのような際だった豊かさは、本来の自然的な条件に加え、水田を中心とする淡水生態系のネットワークと樹林が隣接する「さとやま」が、つい最近まで人間活動の主な場であったことにもよる。

日本列島の水田は、主食の米を生産する場でありながら、豊かな生物多様性を育む湿地でもあった。同時に、多様な生態系サービスを提供する湿地でもあった。しかし、数十年前頃から、乾田化、用水のパイプライン化などの農地整備と多投入農業への誘導により、多くの地域で水田は、古来水田で生活してきた生物にとって厳しい環境となり、メダカなどの淡水魚、タガメなどの水生昆虫、水田雑草までもが絶滅危惧種になるような劇変が起こった。

生物多様性と生態系サービスを犠牲にする「強い農業」

TPP参加に向けて、市場に強い農業を日本に確立するという「戦略」は、モノカルチャーや多投入の持続不可能な農業を広げ、同時に確実に日本列島の生物多様性を損なう戦略にならざるを得ない。日本でここ数十年間の間にかつて普通の生物がつぎつぎと絶滅を危惧しなければならないほどに衰退し、生物多様性が著しく減少したことを教訓とする必要がある。

長い歴史に試され現代に引き継がれている生産の様式、それぞれの土地に適合した「さとやま」農業は、市場の支配のもとで「工業化された農業」とは競争できないが、持続可能性の点ではずっと優れている。

持続可能性をめぐり、日本列島の農業地域において、今、2つの逆方向に向かうベクトルがせめぎ合っているといえる。

一方は、TPPに対応する強い農業を育てることを標榜し、農地の大規模化、乾田を超える超乾田化、用水のパイプライン化に加え排水を地下化するなどの人工施設化を強化して「工業化された農業」をめざし、生物多様性を壊滅的に損ない、生態系を不可逆的に単純化する方向である。特定の作物の効率よい生産という、市場のある生態系サービスのみが重視され、さとやまのさまざまな生態系サービスを提供する潜在力を失わせる方向性である。ギロチンに喩えられた潮止め堤防の締め切りの映像で全国に知られた諫早湾の埋め立てによる農地開発は、その象徴といえるだろう。

もう一方のベクトルは、地域の自然や文化に対する深い理解のもとに、長い時間に試された自然と共生する生産のあり方を尊重し、「生物多様性の保全と持続可能な利用」を地域の将来ビジョンのなかに位置づけ、自然の再生の方向に向かおうとするベクトルである。しばらく前までは、ごく小さな潮流であったが、ここ十年ほどの間に着実に強まってきた方向性である。生物多様性条約のCOP10で日本の議長国としての采配により採択された「愛知目標」を含む「新戦略目標」http://www.cbd.int/decision/cop/や「SATOYAMAイニシアチブ」がめざす方向は、まさにこの方向である。

「各政府と各社会において生物多様性を主流化することにより、生物多様性の損失の根本原因に対処する」という愛知目標の戦略目標Aは、農業についてはこちらの方向性が「主流」となるべきことを示唆する。一方で、戦略目標B「生物多様性への直接的な圧力を減少させ、持続可能な利用を促進する。」のもとに置かれた「目標７：２０２０年までに、農業、養殖業、林業が行われる地域が、生物多様性の保全を確保するよう持続的に管理される」を率先して実現していくためにも、こちらの方向性を強めなければならないだろう。

本稿は、紙幅の都合により十分意を尽くせていない。生物多様性や生態系サービス、さとやまに関する基礎的な知識や農業とのかかわりの詳細な考察については、左記を参照していただければ幸いである。

鷲谷いづみ『生物多様性入門』２０１０年、岩波ブックレット。

鷲谷いづみ『さとやま：持続可能な生態系模様』２０１１年、岩波ジュニア新書。

（わしたに　いづみ）

グローバル化の先にあるローカル化

「地域再生・活性化に関する全国自治体アンケート調査」が示す構造変化

千葉大学法経学部教授　広井良典

はじめに
――若者のローカル志向は否定的に考えられるべきか

若者の「地元志向」ということがしばらく前から言われるようになっているが、私自身の身近なところをみても、学生たちの〝ローカルなものへの関心〟ということが以前にも増して確かな流れになっていると感じる。たとえばゼミの学生で「愛郷心」ということを重視し、衰退していく地元の町や地域をなんとか再生させたい、あるいはすでに一定の住みやすさをもっている地元をもっとよい場所にしていきたいといった関心をもつ者が明らかに増えている。静岡出身のある学生は〝静岡を世界一住みやすい場所にする政策を掘り下げること〟をゼミ志望の理由にあげていたし、新潟出身の別の学生は農業の再生を大学時代のテーマの柱としていた。

最近の象徴的な例では、学生時代はイギリスに留学するなど国際的なテーマに関心をもっていた女子の学生が、あるインターンシップで滞在した長崎県五島列島の小値賀《おぢか》町の魅力に感銘を受け、卒業後2年ほどは東京の丸の内で働いていたが、先日会社をやめて小値賀町に移住して暮らすようになったという出来事があった。

以上のようなことを含め、こうした若い世代のローカル志向を、〝内向きになった〟とか〝外に出ていく覇気がない〟といった形で批判する議論が多いようだが、それはまったく的外れな意見だと私は思う。海外に〝進出〟していくのが絶対的な価値であるかのように考え、また「欧米＝進んでいる、日本やアジア＝遅れている」といった固定的な観念のもとで猪突猛進してきた結果が、現在の日本における地域の疲弊であり空洞化ではなかったのか。むしろ若い世代のローカル志向は、そうした日本や地域社会を〝救う〟萌芽的な動きとみるべきであり、そうした動きへのさまざまなサポートや支援のシステムこそが強く求められている。

経済成長と幸福
――「定常型社会」という視点

若い世代のローカル志向という話から始めたが、ここでもうひと回り視野を広げ、農村あるいは地方を含めた日本社会全体のあり方を、経済の成熟化あるいは「ポスト成長」の時代という大きな時代構造の変化のなかで考えてみよう。

「GAH」という言葉をご存じだろうか。これは東京都の荒川区が数年前から掲げている目標で、「グロス・アラカワ・ハピネス」、つまり「荒川区民の〝幸福〟の総量」という意味であり、これを増大させることを区政の目標にしようというわけである。同区では最近、荒川区自治総合研究所という財団を設立したが、そこでもこの「GAH」が研究テーマになるという。

もちろんこれは、近年多くの人びとの関心を集めるようになっている「GNH」をもじったものである。「GNH（グロス・ナショナル・ハピネス。つまり国民総幸福）」とはブータンが掲げている国の目標で、いわゆるGNPではなく、経済の規模に還元できない人びとの「幸福」を増大させることを国の目標にするというものだ。

ところで、そもそも経済成長と人びとの幸福にはどのような関係があるのだろうか。

こうした点に関し、最近では様々な研究を通じ、経済発展の度合いが一定水準（たとえば一人当たり年間所得が一万ドル程度）を超えると、経済成長と人びとの「幸福」感や生活満足度との間の相関がほとんどみられなくなることが示されるようになっている（［フライ他、2005年］参照）。そしてGDP以外の要因、たとえばコミュニティ（人と人とのつながり）のあり方や所得の平等度、自然環境との関わりなどといった要素が人びとの幸福や「生活の質」の向上にとってむしろ重要になってくる。

このようなことから、今後の社会のありようを考えていくにあたっては、「定常型社会」という発想が重要と私は考えている。定常型社会とは、「経済成長ということを絶対的な目標としなくても十分な豊かさが実現されていく社会」をいう。定常型社会の背景としては、これだけモノがあふれる世の中になるなかで、人びとの物質的な需要がほぼ〝飽和〟しつつあるということが基本だが、それに加えて、2005年から日本の総人口はすでに減少に転じているという点があり、かつ環境問題つまり資源や自然環境の有限性という点がある。このように定常型社会とは、「少子・高齢化社会」と「環境親和型社会」という2つを結びつけるコンセプトでもある（[広井、2001年]）。

そしてここでのポイントは、こうした定常型社会においては、後であらためて述べるように、それぞれの地域の固有の価値や多様性が重要になるという点である。

「ローカルからグローバルへ」——その歴史的展開と今後の全体構造

もちろん、ローカルな地域はそれだけで孤立して存在するものではない。では、私たちはグローバル化とローカル化という二つのベクトルの関係や、ローカルからグローバルまでを含む様々なレベルの役割分担をどのように考えればよいのだろうか。

議論の前提として確認すると、ここ200～300年前後の市場化や産業化のプロセスのなかで、生産（あるいは技術革新）や消費構造において基軸をなしてきたコンセプトは、大きく「物質」→「エネルギー」→「情報」→「時間」という形で変遷してきたと、概ねとらえられるだろう。

すなわち、産業化以前の市場経済において様々な「物質」の流通が活発化した段階に始まり、19世紀を中心に産業化（ないし工業化）を通じて石油・電力等の「エネルギー」の生産・消費が本格化し、さらに20世紀半ば前後からは「情報の消費」が展開していった（ここでの「情報の消費」とは、ITやインターネット等といったものに限らず、たとえば商品を買うときにそのデザインやブランドに着目して購入するといったより広義の内容を指している）。

これらは経済を飛躍的に拡大・成長させると同時に、別の角度からみると、前の段階の生産・消費を次々に「手段化」する形でシステムの展開が図られ、同時にまた、ある地域にローカルに局限された経済活動が（資源の調達においてもまた商品の販売先としても）よりグローバルな方向に空間的に広がっていくプロセス（＝世界市場化）でもあった（図1）。

ところが、こうした経済システムの進化の帰結として、人びとの需要は（少なくとも市場経済で測定できるようなものに関しては）ほとんど飽和しつつあり、先ほど指摘した「時間の消費」とも呼びうる方向や、さらには「市場経済を超える領域」が展開しようとしている。このことは、人びとの欲求や需要の方向が、上記のような限りない手段化・効率化から、むしろ現在充足的（コンサマトリー）な方向あるいはローカルな方向へと転化しつつあるということでもある。

このような歴史的展開や構造を踏まえれば、今後の世界ないし地球における経済活動は、次のような「生産／消費

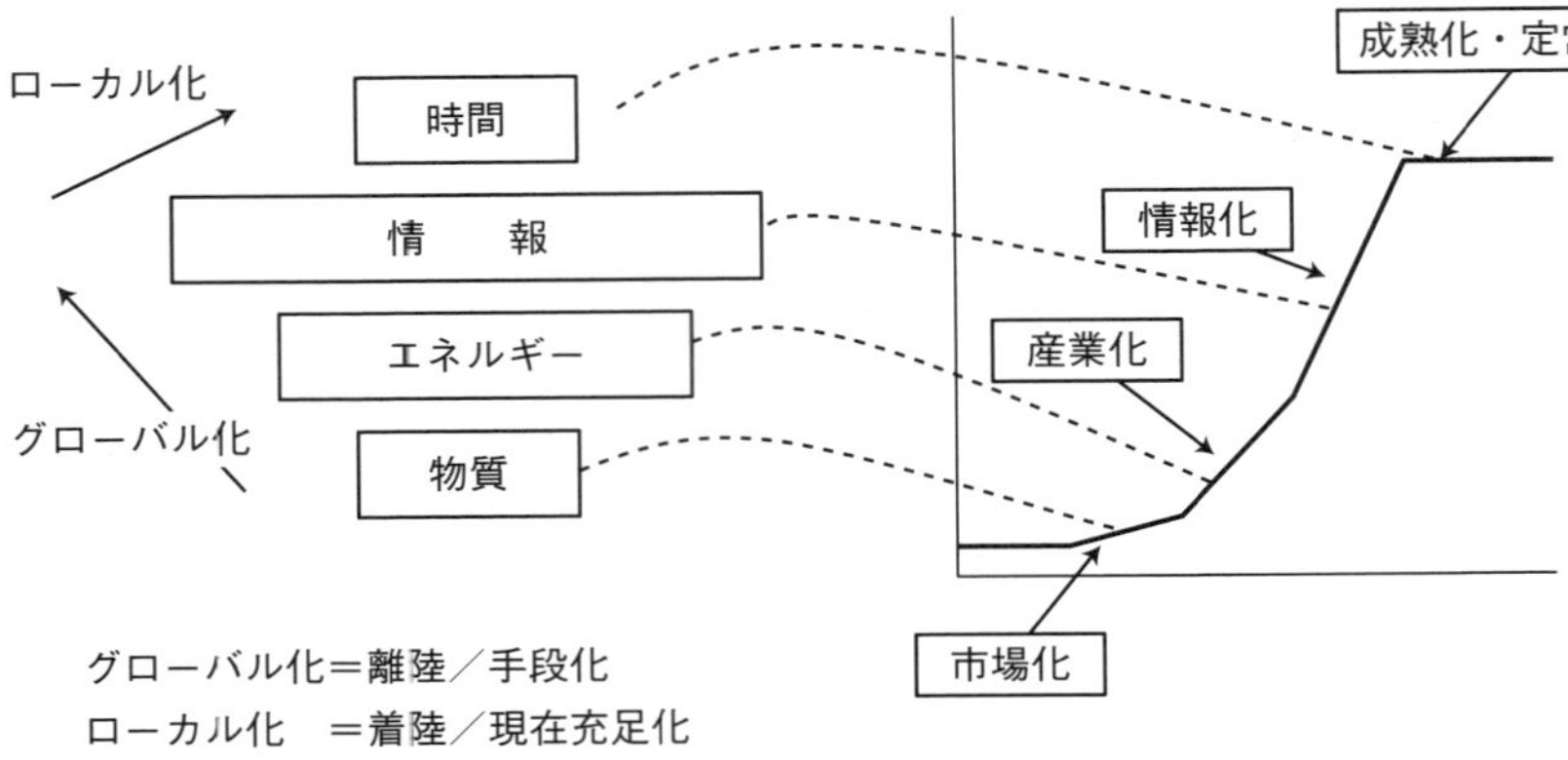

図１　経済システムの進化とグローバル化・ローカル化

の重層的な自立と分業」を基調としたものであるべきではないだろうか（「広井、２００９年」参照）。すなわち、

①物質的生産、とくに食料生産および「ケア」はできる限りローカルな地域単位で。……ローカル～ナショナル。

②工業製品やエネルギーについてはより広範囲の地域単位で。……ナショナル～リージョナル（ただし、風力発電など自然エネルギーについては、できる限りローカルに）。

③情報の生産／消費ないし流通については最も広範囲に。……グローバル。

④時間の消費（コミュニティや自然等に関わる欲求ないし市場経済を超える活動）はローカルに。

現実の世界の状況にあてはめて考えてみた場合、たとえばヨーロッパの国々や地域の多くは、既にかなりの程度で以上のような姿を実現しつつあるようにみえる（食料自給率は一定以上の高水準に達し、自然エネルギーの地域的供給も徐々に推進され、コミュニティ志向のサービスが展開しているといった具合いに）。反対の極にあるのがアメリカであり、限りない市場経済の拡大・成長を志向し、〝資源の供給元〟に関しても〝商品の販売先〟に関しても世界の他の地域を〝巻き込み、そこに依存する〟ことなしには存立することのできないシステムとなっている。

私自身の主張は、日本を含め、ポスト産業化あるいは市場経済の成熟化の段階に達した国々は、限りない市場経済の拡大や資源消費の無限化という方向を目指すのではなく、以上に示したように、できる限りローカルなレベルから「地域において循環する経済」を積み上げていく経済社会のありようを築いていくべき、というものである

これからの地域再生の方向
――全国自治体アンケート調査から

以上の議論は、〝新成長戦略〟などということが喧しく言われている現政権の時代において、半ば空理空論のように響くかもしれない。しかし私が2010年7月におこなった次のような全国自治体アンケート調査の結果をみると、以上のような方向性は決して現実離れした理想論ではないことが浮かび上がってくる。

実施した調査は、「地域再生・活性化に関するアンケート調査」と題するもので、①全国市町村の半数（無作為抽出）および政令市・中核市・特別区で計986団体、②全国47都道府県に送付し、①については返信数593（回収率60・5％）、②については返信数29（回収率61・7％）であった（科学研究費に基づく調査研究の一環）。以下で紹介するのは市町村分の集計結果の一部である。

たとえば、「日本は2005年から人口減少社会となっていますが、そうした時代状況における今後の地域社会や政策の大きな方向性として、貴自治体では以下のうちいずれが基本となるとお考えでしょうか」という設問に対する回答は、図2のようなものとなっている。

これについては、人口規模別の集計をおこなっても地域差があまりなく、全体を通じて「拡大・成長ではなく生活の豊かさや質的充実が実現されるような政策や地域社会を追求していく」が多数を占め、これは予想を上回るものであった。ナショナルレベルあるいは経済界中心の見方やそれを反映した現政権では、上記のようになお「限りない経済成長」志向が強く残っているが、地域レベルの志向性は（大都市圏も含めて）これとはかなり異なっているのである。

グローバル化・ローカル化と経済の地域内循環

次に、「昨今、グローバル化の進展やその地域経済への影響ということが議論されると同時に、他方では地産地消などローカルレベルで自立した地域経済という姿も論じられています。こうした点について、貴自治体の今後のあり方は以下のうちいずれが主になるとお考えでしょうか」という設問については、図3のような結果が示された。

まず、この論点は必ずしも単純な二者択一のものではな

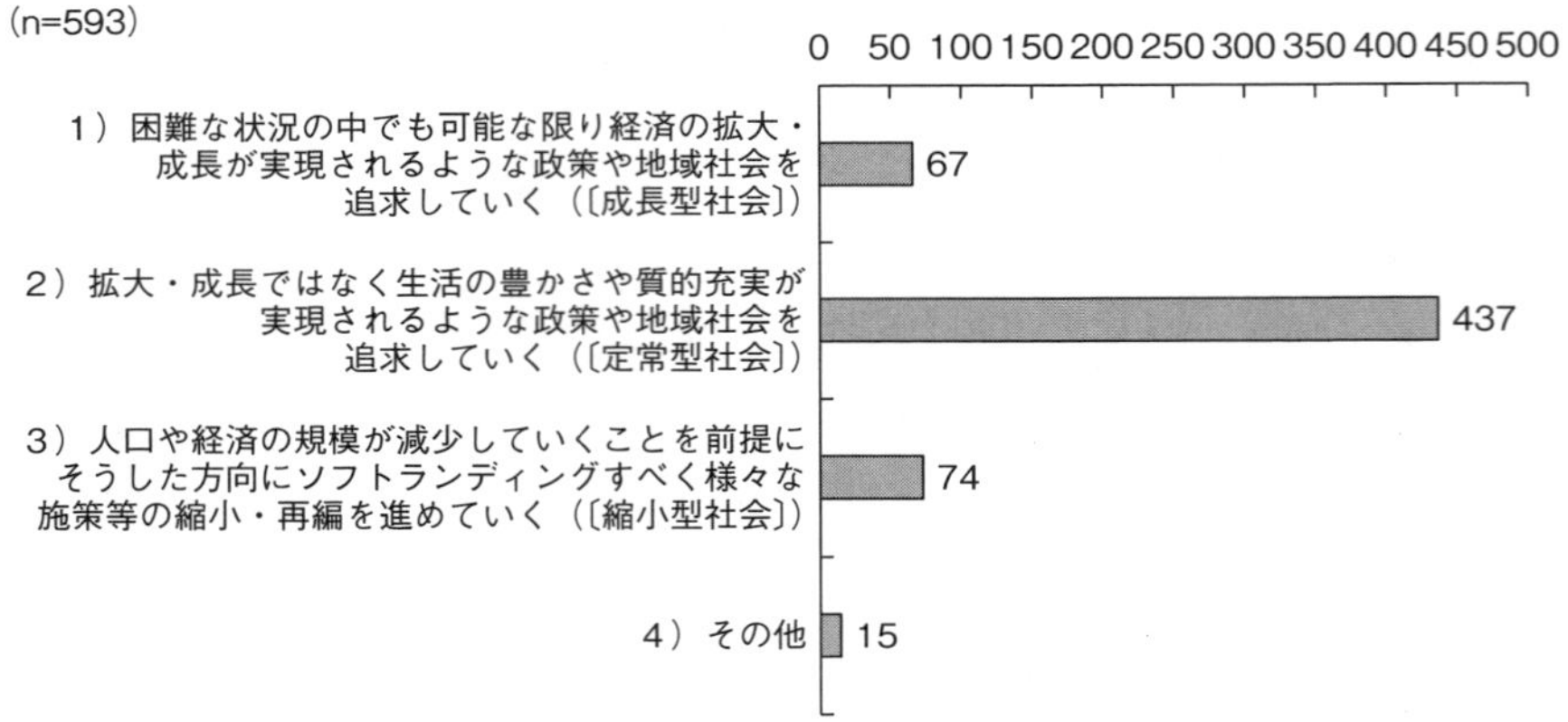

図2　今後の地域社会や政策の方向性

出所：地域再生・活性化に関する全国自治体アンケート調査。

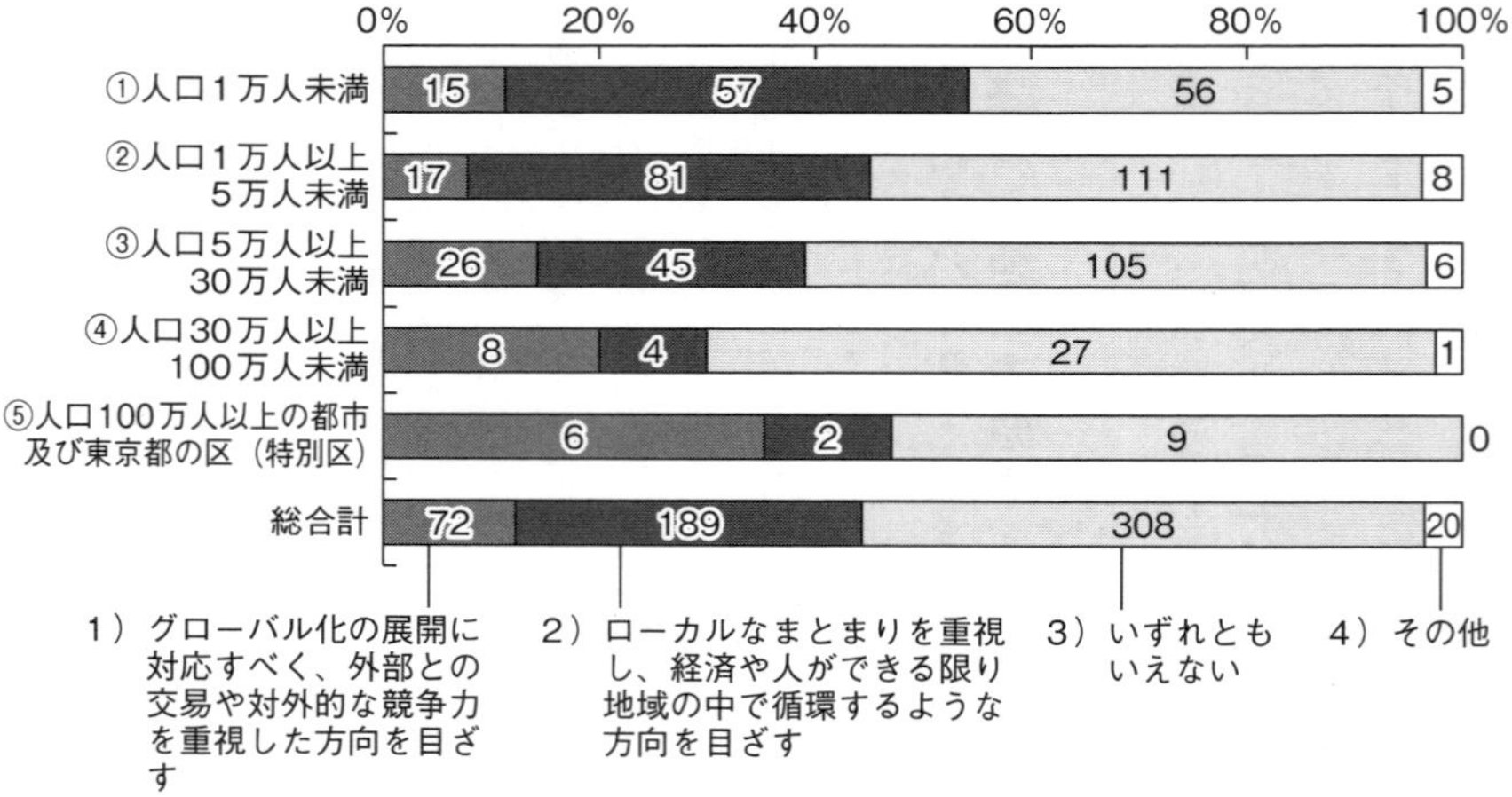

図3　グローバル化とローカル化の関係

出所：図2と同じ。

いので、「いずれともいいえない」が多数を占めている（とくに大都市圏）のは予想された結果だったが、それを除くとかなりの地域差があるのが特徴的である。すなわち、大都市圏になるとグローバル化対応ないし通商、対外的競争力の重視が多いが、農村部を中心とする中小規模の市町村では「ローカルなまとまりを重視し、経済や人ができる限り地域の中で循環するような方向を目ざす」がむしろ多数を占め、この傾向は人口5万人規模の自治体になると顕著である。

先ほどこれからの経済社会のビジョンとして述べた、できる限りローカルなレベルにおいて、地域内部で循環するような経済を築いていくという方向は、まさに農村部ではあるていど浸透したものとなっているのであり、ＴＰＰのような政策は、こうした方向を破壊していくものになってしまうことが強く危惧される。

ちなみに今述べている「経済の地域内循環」という点に関しては、イギリスのＮＥＦ（New Economics Foundation）が「地域内乗数効果 local multiplier effect」という新たな概念を提唱している。これは経済がほぼもっぱらナショナルレベルで考えられてきたケインズ政策的な発想への批判であり、「地域再生または地域経済の活性化＝その地域において資金が多く循環していること」ととらえ、①「灌漑 irrigation（資金が当該地域の隅々にまで循環することによる経済効果が発揮されること）」や、②「漏れ口を塞ぐ plugging the leaks（資金が外に出ていかず内部で循環することによってその機能が十分に発揮されること）」といった独自のコンセプトを導入して、地域内部で循環するような経済のありように関する指標を作成している（［福士、２００９年］、［中島、２００５年］等参照）。

日本での類似例としては、たとえば長野県飯田市の試みがあげられ、同市では「若者が故郷に帰ってこられる産業づくり」という理念のもと、「経済自立度」70％ということを目標に掲げて政策展開をおこなっている。ここでいう「経済自立度」とは「地域に必要な所得を地域産業からの波及効果でどのくらい充足しているか」をみるもので、具体的には南信州地域の産業（製造業、農林業、観光業）からの波及所得総額を、地域全体の必要所得額（年１人当たり実収入額の全国平均×南信州地域の総人口）で割って算出している（２００８年推計値は52・5％、２００９年推計値は45・2％。『月間ガバナンス』２０１０年４月号）。

こうした「経済の地域内循環」に関するビジョンの共有や指標づくり、そして政策展開やその支援のための研究などが今後の大きな課題だろう。それは他でもなく、ＴＰＰ的な世界観とは逆の方向の地域社会づくりである。

なお、「貴自治体において地域の活性化を図っていくにあたり特に重視している分野を以下のうちからお選びくだ

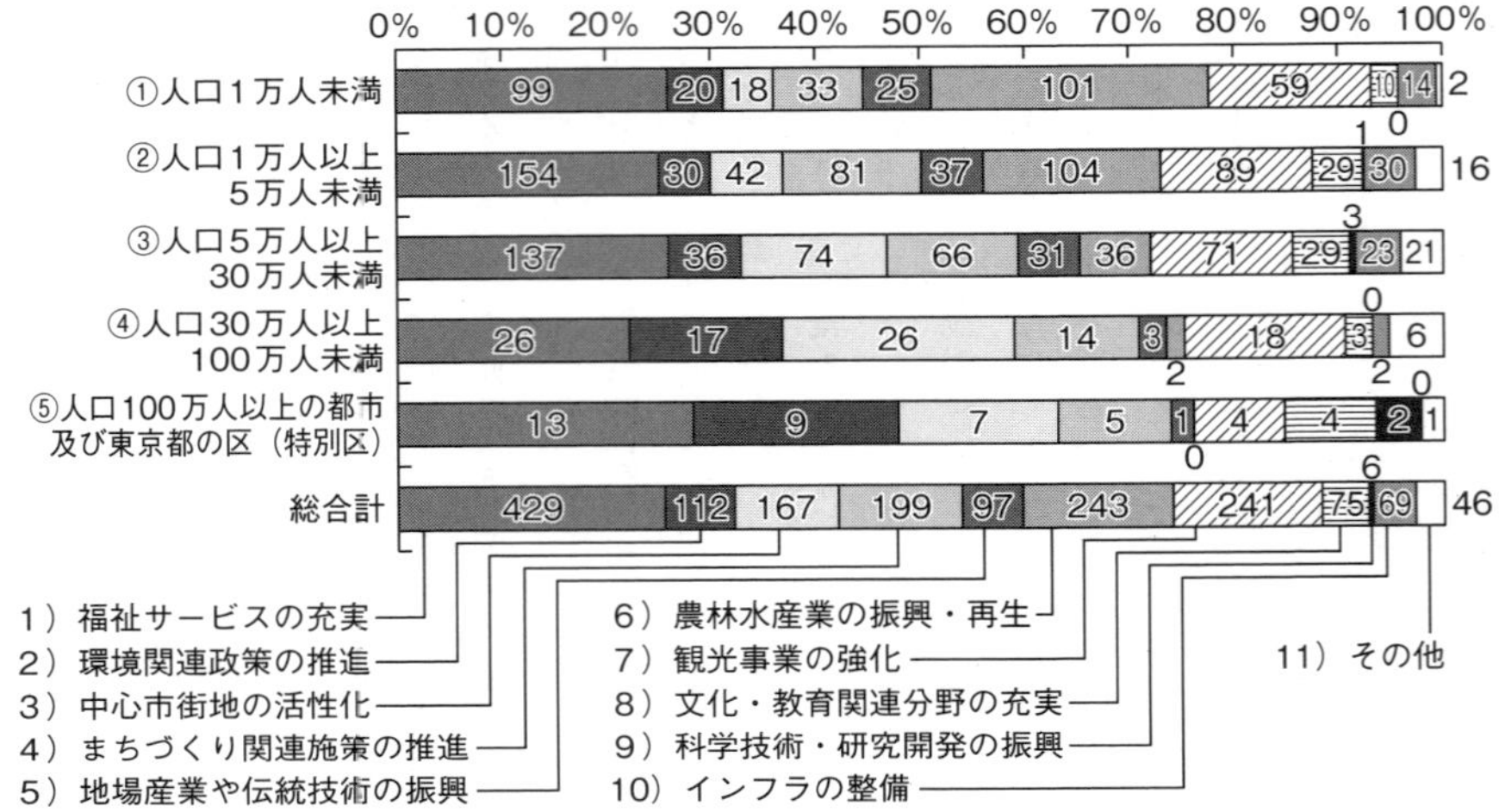

図4　地域活性化にあたり特に重視している分野

出所：図2と同じ。

さい。（3つまで複数回答可）」という設問については、図4に示すように、「福祉サービスの充実」が全市町村を通じて最も大きな重点課題としてあげられていた。もちろんこれは急速に進む少子・高齢化を反映したものである。また「環境関連政策の推進」が大きいのは大都市圏で、「中心市街地の活性化」は中堅地方都市が中心であり、これらは大きくは予想の範囲内であるが、やはり小規模町村では「農林水産業の振興・再生」が最上位を占めていた（「観光事業の強化」も全体を通じて比較的多）。各々の地域自身による取組みの重要性はもちろんだが、都市と農村は互いに独立して存在するものではなく、こうした方向を支援するための国レベルのさまざまな支援が不可欠の課題である。

おわりに
――〝離陸〟から〝着陸〟へ

ふり返れば「成長」の時代とは、GDPの拡大といった「大きなベクトル」が支配的となり、各地域が〝ひとつの方向〟に向かい、すべてが〝進んでいる・遅れている〟という一元的な座標軸に位置づけられるという、いわば「時間」優位の時代であった。

私たちが迎えつつある成熟あるいは定常化の時代においては、人びとはそうしたベクトルから解放され、むしろ各地域の風土・伝統・文化といった固有の価値や多様性に関心が向かうという、「空間」が復権する時代となる。それは飛行機にたとえると、市場経済の拡大とともに地域コミュニティや土地といったものから一貫して〝離陸〟してきた人びとが、もう一度そうした場所に〝着陸〟していく時代でもあるだろう。冒頭に記した若い世代の志向は、他でもなくそうした時代の人びとの感覚を反映したものと言える。

本稿で論じてきたように、大きな時代認識としては、グローバル化の先にローカル化という、より究極的な構造変化が存在すると考えるべきである。そうした方向を支援する政策こそが今求められているのではないだろうか。


〈参考文献〉

中島恵理『英国の持続可能な地域づくり：パートナーシップとローカリゼーション』2005年、学芸出版社。

広井良典『定常型社会　新しい「豊かさ」の構想』2001年、岩波新書。

広井良典『コミュニティを問いなおす―つながり・都市・日本社会の未来』、2009年、ちくま新書。

福士正博『完全従事社会の可能性』2009年、日本経済評論社。

ブルーノ・S・フライ他著、佐和隆光監訳『幸福の政治経済学』2005年、ダイヤモンド社。

リチャード・フロリダ著、井口典夫訳『クリエイティブ資本論』2008年、ダイヤモンド社。


（ひろい　よしのり）

PART 3

農業、農村

「強い農業」とは対抗論理の欠落である

世界農業類型からＴＰＰを批判する

京都大学大学院農学研究科教授　野田公夫

一、すでに「実験済み」の「強い農業」路線

「強い農業」という主張

「農業は保護され甘やかされてきた」「構造改革がすすまないのはその証拠」「守勢から攻勢へ」「〈強い農業〉を育て輸出産業に」「ＴＰＰこそ飛躍のチャンス」…もしかすると日本農業の不利性を聞かされ続けてきた人たちにとっては、〈強い農業〉というフレーズは新鮮に響くかもしれない。しかしこれは、キャッチコピーの目新しさに過ぎず、その実質はすでに百パーセント「実験済み」である。

「実験」とは、農業構造改革（以下適宜構造改革と略記）による自立経営農家の創出を掲げた農業基本法（１９６１年制定）以来の約50年間、すなわち「構造改革失敗の歴史」が示す現実のことである。「50年に及ぶ実験」結果がつきつけたのは、次の二つである。

①伸びを示したのは土地を無視しうる部門（加工型畜産と施設型園芸）にほぼ限られ、土地利用型農業、とりわけその中心を占める水田農業における構造改革（規模拡大）は、政策的努力にもかかわらずすすまなかった。

②やっと生み出された一握りのトップ経営ですら国際価格には太刀打ちできず、それどころか「猫の目農政」のまえに、常時深刻な経営不安に苛まれている。事実「トップ層の脱農」は決して珍しいことではなかった。

農業構造改革とは何か

農業構造改革とは、最新の農業機械体系や栽培技術を最も効果的に生産力化できる農業に変えること、すなわち、効率性の低い数多の小規模農家を少数の大規模経営（強い農業）に置

き換えることである。

ヨーロッパは長く世界最大の農産物輸入地域であった。構造改革は、第二次世界大戦後の食糧不安と外貨不足を背景にこの地で採用され、大きな成果を収めたものである。日本の構造政策（農業基本法）も、この動きに影響されて導入された。問題は、WTO体制のもとで、構造改革こそが世界農業がとるべき普遍（さらには義務）施策であるかのように看做されたことであった。なんらかの国境措置で自国の農業を守ることは、世界市場の一元化という目標に対する「妨害」であり、自由貿易化しても構造改革により競争力を強化すれば守れるはずだと強弁できる風潮が、強まったのである。「強い農業」とは、その勇ましい語感に反して、その正体は強者のイデオロギーに対する屈服＝対抗論理の欠落である。

二、構造改革基準からみた世界農業の諸類型

農業構造改革の進捗状況を世界レベルで比較してみよう（表1）（注1）。

①は構造政策「不要」地域とでもよぶべき類型である。同地はヨーロッパ（西欧旧開地）からの移民が先住民の土地を奪うことによって成立した「新開地」農業であり、固有の構造政策をほとんど必要としてこなかった国々である。北アメリカとオセアニアを典型とし、より古い植民史をもつ南アメリカ（さらには東部ロシア）がそれに準ずる。土地所有と歴史の制約から最も自由なこの類型こそ、世界農業市場における最強グループである。

②は構造政策「達成」地域とでもよぶべき類型である。植民者たちの母国であり、近代農業革命発祥の地であり、20世紀後半の現代農業革命（構造改革）により食糧農産物過剰を世界農業最大の問題に押し上げたヨーロッパ農業のことである。過去において、日本と同様の強力な村落規制（たとえば三圃制）を成立させながら、近代への移行

表1　構造改革基準からみた世界農業類型

世界農業地域類型	主　要　地　域
①　構造政策不要地域	西欧新開地…北アメリカ・オセアニア／南アメリカ
②　構造政策達成地域	西欧旧開地…ヨーロッパ
③　構造政策不能地域	アジア　…東北アジア（日本）／東南アジア・中国
④　構造政策未然地域	アフリカ

野田公夫編著『生物資源問題と世界』（2006年、京都大学学術出版会）所収拙稿。「現代農業革命と日本農業」より。

過程でそれを破壊し、逆に競争的環境に転換し、そのうえに本格的な構造改革を実現した国々である。

③は構造政策「不能」地域とでもよぶべき類型である。構造改革の必要が痛感され政策努力が重ねられてきたにもかかわらず、農法的個性と歴史の重みに妨げられて果たせず、農業の不利性が急速に拡大してきた国々である。日本・韓国・台湾等東北アジアの国・地域が典型である（開放後の中国がそれに準じ、構造政策が普遍課題たりえないという点では、東南アジアも近似する）。

④は構造政策「未然」地域とでもよぶべき類型である。未だ構造政策の必要性が自明とはなっていない国・地域である。巨大なプランテーションは存在するが、あるいは近年ではランドラッシュのターゲットにすらなっているところもあるが、いずれも農民経営とは無縁であるか敵対物である。かかる地域を代表させるとすればアフリカであろう。

では、このような差はなぜうまれるのだろうか？　本稿ではその理由を、ヨーロッパ（②、以下西欧と略記）と日本（③）について、農法論的側面から考えてみたい。

三、日本農業の個性―内包的発展論理―

日本農業の歴史的個性

大地のうえに営まれる農業は、自然と社会（歴史）の大きな規定をうけるため、おのずと個性的にならざるをえない。

表2　農法論的見地からの世界農業類型

		夏季降雨量 多	夏季降雨量 少	
乾湿度合	乾燥	休閑除草農業（冷涼・相対的乾燥…西欧）	休閑保水農業	休閑農業
乾湿度合	湿潤	中耕除草農業（モンスーン・アジア）	中耕保水農業	中耕農業
		除草農業	保水農業	

注：飯沼二郎『農業革命の研究』1985年、未来社より作成。

飯沼二郎は、乾湿度合と降雨時期を指標として世界農業を4つの類型にわけた（表2）。日本は温暖多湿を特徴とする中耕除草農業に属するが、田中耕司はそれをさらに「巨大な自然に委ねる」ことを基本とする環境適応型と、「小さな自然を改造しつつ農業環境を整えつつ」高度な生産力発展をめざす環境形成型の二類型に小区分した（注2）。日本は後者の典型であり、ここでは土地基盤の整備と綿密な肥培管理こそが生産力向上と安定の鍵を握る。江戸時代に姿を整えたイエとムラは、このような日本農業を「集団」の力で継承し発展させていくための、重要な仕組みであった。

西欧農業との対比

小農制をとり、強力な村落規制を前史にもつという点で強い類似性をもつ日本と西欧において、構造改革はなぜ、かくも鮮やかに成否をわけたのだろうか。

温暖多湿な日本では、地力維持には草肥を使い、草刈りに膨大な労力が投下された。多肥化は、同じ条件が虫害・病害および雑草とのたたかいをより熾烈なものにした。綿密な管理（中耕除草という呼称はここからきている）とそれへの組織的対応こそが、生産力発展の鍵を握ったのである（内包的発展論理）。

ここでは、農業主体は単なる「個別化」ではなく、「個を補完する協働（共同）」を作り上げる方向に向かい、〈零細分散錯圃と混住性〉〈高度化された土地利用〉〈農家相互の重層的協業編成〉〈ムラによる土地・水資源管理〉〈ムラという領域／統治意識の形成〉等を特質とする農業・農村のシステムとエートスを生み出した。これらが現代日本農業の背後に潜む歴史的風土を構成している。

他方、冷涼・乾燥を特徴とする西欧では、地力維持は草肥ではなく厩肥に依存し、除草は休閑耕による根の切断・枯死という方法をとる（休閑除草という呼称はここからきている）。したがって、地力増進は家畜増頭を、家畜増頭はそれを可能にする経営規模と耕耘の能率化（大馬力化）を要請する、顕著な「外延的拡大衝動」を内包した農法であった。

ここでは、増加する必要家畜数を飼養できるかどうかが、農家として存続できるか否かの分岐点をなした。零細農はこの競争に耐え切れず没落し、没落した彼らを雇用する大規模経営が登場し、共同体は解体され競争的環境が強化された。西欧農業はエンクロージャー以来一貫して「構造改革」を継続してきたのであり、この地においては、「構造改革」こそが現代につながる歴史的風土を構成したのである。

程度の差こそあれ、日本も西欧も市場経済への対応という共通項があったにもかかわらず、その具体的形態には顕著な地域個性が貫いたのである。

四、日本型「農業構造改革」の途
—農村社会が支える農業発展—

日本型「農業構造改革」の論理

現在ある個別大経営の担い手たちが最も意を注ぐのは、地元（地権者集団）との信頼関係を築くことである。これは、上述の歴史過程が生み出してきた土地所有観・農村社会の共同性および混住性に対する「強い配慮」と「折り合い」である。この意味で、日本農業では（集落営農はむろん）個別大経営といえどもムラ農業であり、「生産／経営合理性」を主軸に論点を構成できる西欧とは異なる、「社会の問題」として対処すべき農業なのである。

楠本雅弘は、自らが「二階建て方式」と呼ぶ農業改革方向を提起している（注3）。これが含意するものは、「伝統をふまえつつ、農地の所有と経営を分離して対応すること」である。すなわち、ムラを「農地を預る地権者集団」として新たに位置づけなおし、ムラ（地権者集団）の合意に基づいて「ムラ的な農地所有（これでこそ零細分散錯圃状況が克服できる）」を生み出すとともに、その利用は広く「現代が生み出した多様な経営主体（個別経営でも有志経営でも集落営農でもよい）」に委ねようというものである。これは、「歴史と現代を折り合わせる」ための創造的工夫であり、今後の農地問題対応・日本型「農業構造改革」の一つの基本形をなすであろう。

日本型「構造改革」が、農村社会に支持され農村社会とともに再構成されてこそ実現できるという事情は、新しい農業が自らの生産とともに生活・社会領域（広義の環境問題）に深く配慮する傾向をうむことにもつながるであろう。いわゆる環境保全型農業は、このような過程のなかでこそ、現実的な担い手を獲得していくのではないか。このような意味も含め、以上のような日本農業の試みは、西欧型構造改革モデルが適用不能な多くの国・地域にとって一つのオルターナティブ・モデルとしての意味ももつかもしれない。

ＴＰＰの破壊性

ただし、個別経営合理性を基準にして進めうる（西欧型）構造改革とは異なり、調整の難しさがあり工夫の必要も大きい。そして、社会が介在するだけ、その具体的形態は極めて多様なものになろう。表１のいう「構造政策不能地域」が自らの農業再構成をすすめていくには、主客双方において然るべき手が打たれるとともに、それらが実を結ぶための時間を必要とする。ＴＰＰへの参加は、日本農業が重ねつつある「未来をつくるための膨大な努力」を、一気に破壊するものであるといわねばならない。

先日テレビのスイッチをいれたら、「１００haまで経営規模を拡大できたとしても、自由化したら大丈夫かどうか自信がない」との不安を口にする若い農業者に対し、ある女性国会議員が「大丈夫、ちゃんと守ってあげるから」と自信に満ちて断言していた。「守ってあげる」という言い方が不快であったが、それはともかくこの議員は、日本農業が「社会」として成り立っていること、それゆえに「点」だけを守ることなど不可能であることを知らないのである。そしてそもそも、コメ単品で毎年1兆*７０００億円という所得補償が本当に実現できかつ継続できるのか、という枢要点にも思いをめぐらしたことがないのである。

＊現在の国内生産量を維持できるよう一俵当たり生産費1万４０００円と輸入米価格３０００円との差額を補填する場合に生じる財政負担額（注４）

五、ＴＰＰ批判を超えて
―「多様性という豊かさを守る世界」をつくるために―

「あらゆる場面における格差拡大」を本性とするグローバル化に向かい合うためには、新しいウェルフェアのあり方を「多様なものが相互に補完しあう世界」として創りあげていくという（気の遠くなるほど）遠大な課題（志）に対する広く深い関心と、それを追い求めその具体的なあり方を模索し続ける強い意志の双方が必要であろう。

「ＴＰＰ拒否」は、そのための一里塚でもある。それは、私たちの究極の目標は、とどまることのない世界化過程を、（先の言葉を繰り返せば）「多様性という豊かさを守る世界／多様なものが相互に補完しあう世界」に組み替え創りあげていくところにこそあるからである。ＴＰＰに対する怒りがさらに、「グローバル世界を組み替える」という長い射程をも含みこんだ議論に発展し継続していくことを願っている。

（のだ　きみお）

注

（１）野田公夫編著『生物資源問題と世界』所収拙稿「現代農業革命と日本農業」２００７年、京都大学学術出版会。

（２）田中耕司「対談」金沢夏樹『変貌するアジアの農業と農民』１９９３年、東京大学出版会、所収。

（３）楠本雅弘『進化する集落営農』２０１０年、農山漁村文化協会。

（４）鈴木宣弘・木下順子「真の国益とは何か」『ＴＰＰ反対の大義』２０１０年、農山漁村文化協会。

日本農業のネックは農地法なのか？

農地法再改正より世代交代支援策を

大妻女子大学社会情報学部教授　田代洋一

なぜ「ＴＰＰと農地法」なのか

「ＴＰＰと農地法」の組み合わせはいかにも唐突だ。しかし組み合わせたのが一国の首相となると唐突だけでは済まされない。

すなわち２０１０年11月の横浜でのＡＰＥＣ首脳会議の終了に際しての議長記者会見で、菅首相は内外のメディアに対して「わが国が農業の再生と開国という基本方針を定めて、このＡＰＥＣに対して臨み」大成功をおさめたと自賛した。そしてシンガポールの記者の「農業従事者がＴＰＰに強く反対しているではないか」という質問に、農業従事者の平均年齢が65・8歳になったのに対して、農業をやりたいという若い人はたくさんいるが、「日本では農業をやっていなければ農地を買うことができないという農地法が、その後いくつか修正されたけれども、現在も基本的に残っており」、「若い人が農業に自由に参画する、あるいは、いろいろな、現在でも農業法人は認められておりますけれども、一般法人が農業に乗り出すといったことにかなり制約になっております」、そこで「まず農業改革の方から具体的な作業を始めたい」と答えた。

この発言を整理すると、①ＴＰＰのネックは農業、②ＴＰＰへの取組みは農業改革から、③農業改革は若者や一般企業の農地購入を禁じている農地法の改正から、ということになる。

すでに自民党政権最末期の２００９年６月、民主党も賛成する形で農地法改正がなされ、誰でも（個人も法人も）農地を借りられるようになった。しかし自民党政権下でも、当時の民主党の頑強な抵抗もあってのことだが、さすがに農地所有権の解禁に至ることはできなかった。それをいとも簡単に片付けようというのだからびっくり仰天で、あの国会論議は何だったのかという感がする。

農相の慎重発言もあり、一時はトーンダウンしたかにみえたが、２０１１年1月5日の民放テレビで、首相は再度、農地制度について「一層の規制の緩和が必要」とし、8日の朝日新聞は「農業参入なお窮屈」という記事を載せた。その直後に経産省が農業の産業化に向けた報告書案をまとめ、企業等の農業参入・農地取得を容易にするための「農業生産法人の事業活動の柔軟化」、事業多角化のための「農地転用許可の手続きの円滑化」を提起した。経団連も2月10日、企業が農業生産法人に過半数の出資ができるよう法改正を要求した。

政府の「食と農林漁業の再生実現会議」も「新農地制度の徹底検証」を検討事項に掲げ、「制度と運用のどちらが障害か見極め、改革を実施」とした。制度、運用のいずれにせよ、「障害あり」と断ずることがすでに偏向している。また行政刷新会議が農地の仲介業務への一般企業の参入等を提起した。

首相発言は例によってその場の思い付きのようにもみえるが、実は１９９６年の民主党結党時に著わした『日本大転換―21世紀へ希望を手渡すために―』（光文社）でも、農地法が農地を農業従事者以外に所有させないことが農業を衰退させていると、今日と同じことを言っている（というより昔のフレーズを思い出したのだろう）。翌97年、経団連は株式会社の借地参入、次いで所有権取得への段階的解禁を提言した。だから思い付きどころか主張の根は執拗に深く、かつ絡みあっているのである。

農地耕作者主義の推移

このような首相発言の重みを測るには、わが国農地制度の変遷を簡単にでもみておく必要がある。

まず戦時体制下で、侵略戦争のためではあるが、国民食糧を確保するために農地転用が国家統制に付された。次いで戦後の農地改革は、所有者自らが耕作していない農地を国家が地主から買い取り、その農地の耕作者に売り渡した。そして１９５２年の農地法は、農地を買ったり借りたりする権利を耕作者のみに認めた。これが、耕作する者のみが農地の権利取得ができるという農地耕作者主義の原点である。農地法は、所有者が耕作する「自作農主義」だというのが通説だが、それは正しくはない。それだと「所有者が耕作していないのはケシカラン。農地法が悪い」という非難を誘発する。そうではなく、農地を買ったり借りたりする権利は耕作者のみが有しているというのが法の定めた原点である。それが農地改革後の一時期は自作農主義という歴史的形態をとった、ということである。

いうまでもなくそこには食糧危機への対処という時代背景があった。そのような時代背景は食料自給率が40％まで下がってしまった今日、強まりこそすれ、弱まってはいない。

そして、権利取得を耕作者に限るという農地耕作者主義は、農地はあくまでも農地として利用すべきことを意味し、従って農地転用は厳しく規制されるべきことになる。ここに戦前来の国家による転用統制は農地耕作者主義という戦後民主主義的な裏付けを得ることになった。

耕作者は当初は自然人（農家）に限られていたが、農業基本法（1961年）が自立経営の育成と並んで協業の助長を謳ったことから、「地域に根ざした農業者の協業体」としての農業生産法人（以下「農業法人」）にも農地の権利取得を認めるようになった。ただし農業法人になれる法人は農事組合法人（小生産農協）と有限会社に限定され、株式の譲渡が自由で、株主が耕作しているか否かを把握しがたい株式会社は認められなかった。

1970年の農地法改正で賃貸借の自由が大幅に認められたが、その際に農業法人の役員要件として農作業従事していない者は議決権の4分の1未満にとどめられた。議決は2分の1の出席で可となり、その2分の1で可決できるから、農業者による農業法人支配を確保するには4分の1要件が必要だったのである。

しかし前述のように1990年代のグローバル化・規制緩和とともに、株式会社を農業法人として認めろという財界筋の要求が強まり、93年には農業関連の株式会社も条件付きで農業法人の構成員になれるようになり、2000年には株式の譲渡制限をした株式会社が農業法人の一形態としてみとめられるようになった（「農業生産法人・株式会社〇〇」の登場）。

さらに小泉構造改革下で2003年から構造改革特区内では農業法人以外の法人（株式会社等）も農地借入ができるようになった（後に特区外でも賃借可能な特定法人貸付制度化）。そして2009年の改正でついに、誰でも（個人でも法人でも）農地を借りられるようになった。法人については役員の一人が農業従事することが条件付けられたが、株式会社は株式の取得・譲渡が自由なことを本旨とするので、株主が耕作者か否かは不明となり、農地耕作者主義には反するといえる。加えて食品会社等の農業法人への出資が、先の4分の1から2分の1未満まで緩和されるようになった。これまた先の4分の1要件にも明らかなように、企業の農業法人支配の可能性に道を開いたことになり、農地耕作者主義は形骸化したと言わざるを得ない。

しかし所有権取得の解禁には至らなかった。農地はひとたび買われてしまうと、何をされても修復できないというのが農水省の理由だった。それは理念（農地耕作者主義）

なき実態論にすぎないが、それでも薄皮一枚、農地耕作者主義の放棄が所有権に至るのを防いだとはいえる（以上の経緯については参考文献①②を参照）。

現時点での農地をめぐる攻防

かくして今や、株式会社は農地を自由に借りられる。残るのは所有権の取得だけだ。それも農業法人の要件をクリアすれば可能である。しかし出資が2分の1未満だと農業法人支配には難が残る。そこでこの要件を取り払うことが財界の現時点での要求だ。２０１１年2月10日の経団連「力強い農業の実現に向けた提言」は「農業生産法人の要件緩和等の農地規制の更なる見直し」を掲げている。これが今日の攻防の最前線である。ちなみに同提案は政府の「包括的経済連携に関する基本方針」（２０１０年11月9日）とエール交換しあっており、財界と政府の息はかつてなく合っている。

この2分の1要件を取り払ったら、「農業法人としての株式会社」と「株式会社一般」とは大差なくなる。そうなれば、いっそのこと農業法人でない株式会社一般にも農地所有権を与えてもいいではないかということに論理が行き着いてしまう。その時、すでに借地において形骸化してしまった農地耕作者主義が法理として歯止めになるかといえば、それははなはだ心許ない。営利企業の農地所有権の取得は困るという実態面での反撃しか残されていない。

実際の一般法人等の進出実態はどうか。03～09年の特区・特定法人方式で（撤退は除き）４３６法人１３５６haの借入、法改正後から２０１０年6月までの1年間で１４４法人５０４haの借入があった。農業法人を装った産廃業者の農地取得、採算が採れず撤退する法人等の問題をかかえつつも、社会的責任を問われる企業の農業進出が大問題を起こしたという事例はあまり聞かない。その意味では、株式会社や非農家出身者が借地農業をするうえで、農地法は何ら制約にはなっていないが、首相はそういう現実を見ていない。

だから株式会社が農業に進出しても問題ないではないか、といえばそうもいかない。まず地域に根ざした担い手農業者の規模拡大や農業経営を圧迫する。農業者と企業では資金力が違うので対等の競争にはならない。前述の出資制限が外れれば株式会社による農業法人支配も強まる。

さらに企業進出事例が一定規模に達し、かつそれらの営農が一定の年数を経過すれば、所有権取得を認めないことがむしろ不自然になる。例えば借りている農地の地権者が売却したいとなった時に当該法人が農業法人になっていなければ購入できない。第三者に売るとなると、その農地について営農継続ができなくなる可能性がある。

かといって所有権取得を認めるとなると、借地と所有権取得の根本的な違いが浮上する。借地なら常識的に農業的に利用するしかないが、所有権なら資産、なかんずく金融資産として利用できる。担保にも入れられるし、金融資産としての流通・投機の対象になるし、転売の果ての違法転用もありうる。営利を目的とする株式会社にあっては、より収益の高い土地利用こそが善ということになる。

最近では遠隔地では農地価格も10a30万円以下に下がっているところもある。30万なら100ha購入しても3億であり、大企業にとっては端金だろう。

そういう瀬戸際での攻防に首相が割って入った。これは経団連の小番頭がやることではあっても、一国の宰相がやることではあるまい。

土地利用計画による転用規制強化論の非現実性

営利企業(株式会社)に農地取得を認めろという主張は、しばしば、転用規制強化論をポーズとして伴う。万が一、性悪な企業が転用目的等で参入しても、転用できないようにすれば大丈夫、というわけだ。先の農地法改正が第1条の目的規定の前段に「農地を農地以外のものにすることを規制するとともに」と謳ったのも、他方での借地規制撤廃との見合いであり、このような論調を受けたものといえる。

しかし他方では同じ新自由主義の仲間が、正反対の転用規制の緩和を求めているのも事実である。先の経産省の報告書が「農地転用許可の手続きの円滑化」をいっているのもその一例だ。先に敢えて「ポーズ」といったのは、そのような実情を踏まえてである。

ではこれらの新自由主義者は具体的にどのように転用規制を強化するというのか。その共通見解は土地利用計画のゾーニング(土地利用区分)により転用不可の永久農地ゾーンをつくればよいという。実はこのような考えは農業団体や民主党・自民党を問わず多い。

しかしそれは法の理念・論理体系を理解しない俗論である。彼らはヨーロッパでは土地利用計画で農地が守られていることを引き合いに出すが、ヨーロッパなかんずくドイツ等では自治体が開発を許可しない限りは開発できない「開発不自由の原則」が全国土的に成立しており、農地転用(都市開発)は自治体が土地利用計画を樹立しコンセンサスを得た上で初めて可能になる。都市自治体は自らの責任と財政負担の下に都市開発をおこなうので、なるべく農地転用を制限してコンパクトに市街をつくろうとする。

それに対して日本では、戦前に地主制が支配したこともあり、地主等が自由に開発できる「開発自由」が原則だ。一般的に言えば所有者が自由に土地利用を決められるという、所有権優位だ。だから戦時下でも農地転用統制は天皇制国家権力の力で「開発自由の原則」を一部制限する形で転用統制せざるをえなかった。戦後も開発自由の原則は変らないので、農地法が国家による転用統制を引き継いだわけだ。

1970年前後に日本にもヨーロッパ流の土地利用計画が都市計画法や農振法で導入されるが、農振法により設定された農用地区域では転用は禁じられるが、それは具体的には農用地区域内農地については農地法の転用許可をおこなわないという運用を通じて実現され、転用統制の法的根拠は土地利用計画それ自体ではなく、依然として農地法にあるのである。

しかるに先の論者たちはその農地法を廃止して都市農村計画法のようなものをつくればいいという。規制緩和が大勢となっているグローバル化の今日、農地法とそれに基づく転用統制を廃止したら、開発自由の日本では土地利用計画など吹っ飛んでしまう。じつは民主党の農地政策も転用規制を農地法の一筆規制からゾーニング規制に変えると主張している（詳しくは参考文献③）。

お門違いの「農地法主犯説」

ここでようやく本稿のテーマに入るが、農地法＝日本農業のネック論は、次のような論理である。すなわち日本農業は高齢化が進み、後継者もなく、耕作放棄が進んでいる。農家が農地を耕作できないのなら農外から若者や企業が農業に参入するしかないが、農地法はかたくなにそれを拒んでいる、だから耕作放棄が発生する。あるいは耕作放棄に限らず、農地法が新規参入を拒んでいることが農業衰退の原因だ、とする。

これらの点を吟味しよう。まず耕作放棄地は、中山間地域と都市化地域の両極の発生率が高いが、その主因は、そもそも農業生産の条件不利性のうえに高齢化が進み、農産物価格が低下するなかで採算性が激落したことである。条件不利性についてはほ場未整備、機械走行の困難、人間活動の低下に伴う鳥獣害の増加、都市化による営農環境悪化等が指摘される。

2005年の耕作放棄面積の42％は土地持ち非農家によるもので、これについては受け手の欠如があげられるが、農外企業が耕作放棄地に進出しないのは採算の見通しが立たないからで、農地法が主因だとはいえない。現に農地法下で耕作放棄地の復旧・耕作に取り組んでいる農外企業も多い。一例をあげれば、イオンの子会社「イオンアグリ創造」（特定法人）は茨城県牛久市で耕作放棄地に進出しているし、福島県南会津町の福南建設はF・Kファーム（農業法人）を設立し、50ha強の耕作放棄地を復旧してソバ、アスパラ、水稲を作付けしている。いずれからも農地法が障害になったという話は聞かない。

ほんとうに農業をする気なら、別に農地を所有しなくても借地で十分であり、借地なら農業生産法人方式でもいいし、農業法人の要件クリアが煩わしい、あるいは経営支配を確保したいというのなら、現在では株式会社がストレートに借りることもできるようになった。農地を所有する必要があるのなら農業生産法人方式を採ることになるが、その場合の出資制限は前述のような金融資産運用を避ける上で必要な規制だろう。

次に農外の個人や企業の新規参入にとって農地法が阻害要因になるかについても、ほぼ以上と同様だろう。個人についてみると、平成21年度農業白書に「農業経営の開始に当たって苦労した事項」のアンケート結果が載っているが、農地確保57％、資金確保47％、住宅確保34％、営農技術の習得28％等となっている。この農地確保の障害が農地法かといえば、改正農地法では個人の借地は法人以上に制約がない。むしろ、なかなか良い土地を貸してもらえないとか、よそ者扱いされるといった実態面での困難だろう。だから心ある自治体・農業委員会・農業公社等は、新規参入の最大の課題は資金や農地もさることながら「農村社会にとけ込ませること」だとして様々な工夫をこらしている。

要するに菅首相の農地法主犯説は、そういう実態や法改正の経緯をみずに、昔の思い込みを思い出すままにしゃべっているとしか思えない。良い悪いは別として、その後に制度も実態も大きく変わったのである。農水省事務方とのすり合わせなしのアドリブ発言が、今やＴＰＰ参加の突破口にまで祭り上げられたわけだ。

日本農業の世代交代課題

菅首相が目の敵にする、農地法による農地取得の制限として残されたのは、前述のように農外者による農業法人への出資を2分の1未満とすることと、農地所有権の取得だけである。果たしてそれを取り払えば、日本農業は関税ゼロでも米豪農業に対抗できるだろうか。そうしたとしても日本と二桁も三桁も違う経営規模の格差を埋めることは不可能である。仮に企業が農業に進出して１００ha、２００ha規模の農業経営を実現できたとしても、米豪の大平原畑作的農業と異なり、日本の水田農業は傾斜地も多く、企業の少数社員だけでは畦畔や農道、水路等の管理は不可能である。だからこそ、心ある企業は株式会社として落下傘部隊的に地域に乗り込んで勝手に農業するのではなく、地元の農家やＪＡと連携しつつ農業法人を立ち上げているわけである。

農外企業が農地を購入したり、農業法人に2分の1以上出資して経営支配し、思うままに農業をしようとすることは、地域の自然と社会に立地する農業を崩壊に導くだけだろう。挙げ句の果てに農地を金融資産扱いすれば崩壊はさらに速まる。

農業を崩壊に導いているのは農地法ではない。農業法人のリーダーとの座談会で「何が経営リスクですか」と尋ねたところ、即座に「政権が最大のリスク」という答が返ってきた。ＴＰＰに参加する、その前提条件づくりに農地法を改悪しようとする政権は、今や日本農業の最大のリスクに化している。

全ての販売農家を戸別所得補償の対象とする民主党農政は、自民党の選別政策に比べて大きな改善だった。しかしそれも結局はＴＰＰのためだった、ということで完全に色あせた。ＴＰＰにより関税ゼロにすれば、アメリカから60kg３０００円台の米が入ってくる。それと国内生産費との差額の全額を所得補償する財源はみあたらない。農業を崩壊させるのは農地法ではなく民主党政策である。

菅首相は口を開けば「あと5年、10年経ったときに、日本農業はこのままではなりたたなくなる」、だから「農業再生」だと言う。「再生」とは死んだ者を甦らせることだ。確かにＴＰＰを結んだら日本農業は死ぬ。それを甦らせるのは不可能だ。

しかし幸い、農業就業者の平均年齢は確かに65歳を超えたものの、死んだわけではない。70歳、80歳の農業者も「どっこいおいらは生きている」。とはいえ確かに90、１００までとはいかない。しかしそれが意味することはただ一点、日本農業が世代交代期にあるということだけだ。課題はこの世代交代期をいかに乗り切るかに尽きる。

世代交代の課題は二つ。一つは「いえ農業」の世代交代から「地域農業」の世代交代に発想を切り替えることだ。その意味で集落営農（法人）化は、とくに中山間地域では有力な選択肢である。中山間地域だけでなく平場でも農業生産者組織化にチャレンジする必要がある。

組織化・法人化のメリットは「他人の血」を入れやすくすることだ。北海道恵庭市の余湖農園などは新規就農者を多数迎え入れつつ、その中から次の経営者を抜擢し、資産も無償で引き継がせるようにしている。

もう一つは既存経営の継承者、新規就農者を資金的・技術的・社会的に具体的にエンカレッジすることだ。石井圭一・東北大学准教授の報告によると、フランスでは青年農業者助成金の制度があり、農業に関する一定の職業能力を有する21～35歳の青年農業者（要件を満たせば配偶者も）が就農するに際して、レートにもよりけりだが、日本円にして単身で40万～４００万円、平均して１２０万円の助成を受けられる。２００９年度の実績は５１７５件、８２８０万ユーロ（当時平均１３０円強として約１１０億円）、平均経営面積は１０２haという。同様の制度は予算に占める割合は低いものの他のEU諸国にもみられる。

政府の再生実現会議にも農水省のフランス調査の結果が

報告されたということだから、遅ればせながら日本も取り組むかも知れない。しかしその場合にも大切なのは、助成をして終わりではなく、前述のように「むら」にとけ込ませるための社会的支援が欠かせない（参考文献④を参照）。民主党は個別に偏り、そのような地域社会への視角が希薄であり、さらにＴＰＰは裸の自由競争に全てを任せることで、そのような社会の絆を断ち切り、日本を「農業のない無縁社会」にしてしまう。

〈参考文献（拙稿）〉

①『この国のかたちと農業』２００７年、筑波書房、Ⅱ。
②『混迷する農政　協同する地域』２００９年、筑波書房、第２章第３節。
③『政権交代と農業政策』２０１０年、筑波書房ブックレット、Ⅱ-４。
④「攻めの農業で日本は生き残れるか？」『農業と経済』２０１１年５月臨時増刊号。

（たしろ　よういち）

『農協の大罪』の大罪

山下一仁氏の農業・農協論批判

㈳北海道地域農業研究所・北海道大学名誉教授　太田原高昭

1　「農政トライアングル」の正体

（1）農業への愛の薄さ

前原誠司外相（当時）は、ＴＰＰに関して「日本の農林水産業はＧＤＰの1・5％に過ぎないのに、それを守るために残りの98・5％に迷惑をかけている」という発言をして世間のひんしゅくを買った。この発言への批判は『ＴＰＰ反対の大義』（２０１０年、農文協）でも十分になされているので繰り返さないが、前原外相がひょっとしたらカンニングペーパーにしたかもしれない本が山下一仁『農協の大罪』（宝島社新書）である。

本書の出版は２００９年1月で、菅総理が突如としてＴＰＰを言い出すだいぶ前なのだが、冒頭から次のような叙述がある。「ＷＴＯ・ドーハ・ラウンド交渉やＦＴＡ交渉で、政府はＧＤＰに占める割合がたかだか1％にすぎず、また生産額もパナソニック1社に及ばない農業のために、他の経済セクターの利益を無視してまでも、さらには世界の中で孤立してまでも、徹底的に米などの農産物の関税削減に抵抗している」（3ページ）。前原発言と論旨といい語調といいそっくりで、このような農業への愛の薄さが本書に一貫している。

本書は出版の前年の２００８年まで農水省に在籍し、ガット室長や農村整備局次長などの要職を務めた人の著作として注目されているが、こうした農業・農家への冷淡さと農協への敵意をみせつけられると、農水官僚とはいったい何なのかと思う。昔の農林省には「なりふり構わず農民のため」という熱気があふれていたのだが。

農協批判の歴史は農協の発足とともにふるいが、以前は権力との癒着を問題にする組合員の側からの批判が多かった。政府や政権党という権力側からの農協批判は1986年、中曽根内閣の玉置和郎総務庁長官によるものが最初とされる。この系譜に多い印象論的農協批判にくらべると、さすがに本書は情報量が多く、歴史的・構造的に農協を分析しているといえる。

玉置による農協批判は、中曽根康弘総理が「あれはおれが言わせている」と述べて、ガット・ウルグアイラウンド(以下、UR)を控えての農協勢力への牽制の意図を隠さなかった。URの期間中マスコミを巻き込んで荒れ狂った農協批判は、次にきた住専問題で再現されたが、これは農協をダシに使った銀行への公的資金投入の序曲だった。『農協の大罪』の出版も、TPP参加反対の先頭に立つ農協への先制攻撃にぴったりのタイミングだったが、もちろんこれは偶然だろう。

(2) 責任転嫁と犯人隠匿

本書の分析が「構造的・歴史的」といえるのは、「農政トライアングル」というキーワードを提起し、その形成過程に遡及しているからである。「農政トライアングル」というのは「農協＝自民党＝農水省」のつながりのことであり、もともと農協と権力との癒着を批判することばであった。したがって本書も「トライアングル」に対する内部告発の書とみえないこともなく、それが幅広い読者を獲得した理由かもしれないが、これは決してそのような殊勝な本ではない。

著者によれば2009年の政権交代まで、日本の農政を動かしてきたのはこのトライアングルであり、農業後退の中でもそれはますます強固になり濃密になっていた。農水省は予算獲得の成否を政権党に握られ、自民党農林族は票を農協に握られ、農協は法律で農水省に押さえ込まれている。こうした三すくみ的構造の中で、いずれが最も規定的な存在なのだろうか。それは農協だと著者は言う。「農政トライアングルの要にいるのは農協である。農協が変われば農政トライアングルも変わる」(146ページ)。

本書の各所で述べられているように、農業基本法以降の農業の後退と農村の疲弊はすさまじい。それに大きな責任をもつのが「農政トライアングル」であるならば、その要にいる農協は農業後退、農村疲弊の最大の責任者ということになる。「農政トライアングルの中で、農水省は農林族議員を通じて農協に間接支配されてきた」(6ページ)というのが、おそらく著者が最も言いたかったことであろう。農政ではなく農協が悪いといいたいのなら、これは元農水官僚による責任転嫁のための本である。

私は、トライアングルの要にいるのが農水省であり、農水省が元凶だと言いたいわけではない。そもそも「農政トライアングル」なるものは、農業、農協の現場からみれば、「大手町＝永田町＝霞が関」の三角関係にすぎない。それは地下鉄でつながり農政の実務的な調整はするが、骨格は別のところで決まるのだろう。骨格を決めるのはアメリカと財界の意向であり、その窓口が政府与党と農水省なのではないか。国民のかなりの部分がそう思っているので、そうでないならそうでないと証明しなければならないのだが、この本にはアメリカも財界もほとんど出てこない。責任転嫁だけでなく真犯人隠匿の疑いもある。

2　農業後退と農協変形の真相

(1)　総合農協は最大の失敗か

著者は農協を産業組合いらいの長いスパンで捉えており、そこが凡百の農協批判との違いである。しかしこの長いスパンのせいで思考回路における欠落部分（ミッシング・リンク）も明瞭にみえてくる。それは戦後の新生農協が、欧米型の専門農協でなく、総合農協として出発したことを「戦後農政の最大の失敗」（72ページ）とみるところから始まる。

戦前の産業組合と農会が戦時中に統合されて農業会となり、その財産と人員をほとんどそのまま引き継ぎ、しかも供出と配給の統制経済の機能を継続させた農協の出発を、朝日新聞の社説が「農業会の看板塗り替え」と批判したことは有名である（１９４７年10月22日）。これを欧米型の自由で民主的な協同組合とみなすことはとうてい無理であり、「戦前の統制団体の改組」という著者の見解は正しい。しかしそれが専門農協になり得たかというとその可能性はゼロに近かった。

そもそも欧米の作物別・事業別専門農協は、市民革命によって登場した独立自営農民の数百年の歴史の所産であり、農民層の一定の経営的・地域的分化を前提として形成されたものである。それを農地改革途上にあったわが国農民に適用することはとうてい無理であり、改革後の零細な自作農を二度と小作に転落しないよう総合的に守るためには、総合農協の機能が必要とされたことはすでに学会の通説となっている。

農協法の制定に際して、占領軍のGHQはかなり教条的に専門農協を主張したが、8回にわたる法案づくりでそれに対抗して総合農協案を通した当時の農林省の姿勢こそ「日本型」の現実に立脚していたといえよう。ただしGHQの強硬な態度によって、総合農協のほかに専門農協が併置され、また連合会は事業別に分立させられることになった。

わが国の専門農協は青果や畜産の部門においてかなりの実績をあげたが、これらの部門に貿易自由化の影響が及ぶにつれて失速し、ほとんどの専門農協が総合農協に吸収された。県段階の事業別連合会も大部分が全国連に統合された。後にみるように著者の農協改革論には濃厚な専門農協主義がみられるが、このような事実をどうみるか、農協の理論と歴史についての掘り下げた研究が必要だと思う。

(2) アメリカとバッティングしない「選択的拡大」

次のチェック・ポイントは農業基本法である。農業基本法は農地改革の次の課題として零細農業の構造を改善することで農業所得の向上を図ろうとするものだった。しかし需要の増大が期待される米以外の作物の増産ではなく、米価の引き上げによる所得均衡策がとられたため、肝心の構造改善は進まず、米以外の農産物の生産が縮小して食糧自給率が下がり、一方で米の生産が増加して米過剰を招いてしまったと著者はいう。

結果としてはその通りだが、農業基本法の最大の眼目であった所得均衡を実現するための方法として、なぜ米価引き上げしかなかったかという点が重大である。言い換えれば米以外の作物の生産がなぜ伸びなかったのか。すべてが伸びなかったわけではなく「成長農産物」とされた青果や畜産は大きく伸びた。しかし最も需要が伸びていた麦や大豆、飼料作物などの土地利用型作物は伸びないどころかどんどん減少していった。

それは基本法農政の柱の一つである「選択的拡大」の結果であった。すでに小麦や油脂作物、飼料作物の供給はアメリカに握られており、これらを増産する計画は基本法農政には最初から存在しなかった。「成長農産物」とはアメリカからの輸入とバッティングしない作物のことであり、そうした作物に限定して生産することが「選択的拡大」だったのである。

それは占領政策の結果でもあり、1960年の日米経済協定の結果でもあって、農政にとっては力の及ばない権力からの押しつけだったと思う。この本には、基本法農政をリードした小倉武一からの引用が多いが、小倉がこのような理不尽をどう受け止め、どう闘おうとしたのか、著者による引用からは全くうかがえない。

こうした限定の下で所得均衡を実現しようとすれば、米価を上げるしかなかった。著者は農協の米価闘争によってそうなったと書いているが、農協は上げ幅についてがんばっただけで、これは基本法に内在した論理なのである。著者も触れているが、農協はむしろ農業基本法には懐疑的だった。当時の文書にはその理由として「貿易自由化とそれに従った選択的拡大」(『戦後北海道農政史』407ページ)と明記されている。農協サイドの危惧を無視し、権力に抵抗せず、選択的拡大を押しつけた農林省の責任は重い。

(3) 減反政策への対応・二つの道

基本法農政の結果は米過剰、そして減反政策だった。減反政策が農業、農村にもたらした破壊的影響、農業に依存し得なくなった農協の脱農化、奇形化について、著者は具体例を挙げながら活写し、批判している。しかし減反政策はまさに農林省の政策として実施されたのであり、農協の脱農化も自ら選んだ道ではなく、経営のつじつまを合わせ雇用を守る(職員の大半は組合員の家族だから)ための受け身の対応であった。原因と結果を逆にしてはいけない。

減反政策と重なった1970年代は政治的には田中角栄の時代で、「日本列島改造」が猛威を振るっていた。政財界は一体となって「新全総」を推進して異常な土地ブームをあおり、さらに乳製品、牛肉、オレンジの自由化が農業を圧迫していた。こうした大状況を理解するにはやはり「アメリカ=財界=自民党主流」という「権力トライアングル」を措定しなければならないだろう。問題を狭い「農政トライアングル」に閉じ込めて、すべてはその要にいる農協のせいだ、というような話に落としてはならない。

私はむしろ、こうした狂乱の時代に、減反開始からガットURが始まる1986年まで、農業生産額が全国的には(インフレを差し引いても)増加し続けたことに注目したい。著者が描写する農業解体、農協奇形化が一方の事実なら、減反政策に対応して米以外の作物の増産に努め、複合化・集約化による新しい生産力を築いた産地形成とそれをリードした一群の農協があったことも、さらに重要な事実である。

減反政策下でも農業生産力を高めた農協は、著者が想定するように兼業農家を排除し、企業的な農家を育成する選別政策をとったのだろうか。逆である。「志和型複合経営」として有名になった岩手県志和農協は、「農業に精進しようとする意欲的な農民には、たとえそれが経営規模が平均以下の農民であろうとも、他産業並の生活ができることを目標とする」と計画書に明記し、基本的にそれを実現した。この時期に農業解体、農協奇形化とは別にこのようなコースが有力な流れとして存在したことを確認しておきたい。なお、志和農協のDNAは現在のJAいわて中央にしっかりと受け継がれている。

(4) ウルグアイラウンドからTPPへ

しかしせっかくのこうした流れもガットURで米を含めたすべての農産物の関税化が決まり、さらにWTOドーハ・ラウンドで関税率の引き下げが図られるなかで困難を増してきた。その最大の要因は価格支持政策の廃止による米価のとめどない下落である。米価下落が農村の活力を奪っているのは明らかであろう。

ところがこの著者は米価を余り気にしていない。気にしていないどころか高米価が構造改革を妨げ、自給率低下から汚染米まで悪の根源であり、米価を下げるのが最良の対策だと言う。そのためには高い関税を維持する必要はない。「輸入されている中国産米は60キロあたり1万円だ。すでに800％もの関税など必要なくなっている。50％もあれば十分なのだ」（19ページ）。ここまでくればTPPにあと一歩だが、1万円の中国米とは持続可能な水準なのだろうか。農水省の資料では米の国際価格は60kg当たり３４２０円なのだが。

関税を下げることで国内農業や食料安全保障はどうなるのだろうか。これについても著者は心配いらないと言う。日本は米の輸出国になれる。「平時はアメリカから小麦を輸入しながら米を輸出する。外国からの輸入が途絶えたときには、輸出に回していた米を食べるのだ」（188ページ）。こうすれば自由貿易と食料安全保障は両立するという。

むかし「貧乏人は麦を食え」といった総理大臣がいたが、アジアの富裕層のために米をつくり、消費者は非常時にしか国産米を食えない。そんな「国のかたち」をいったい誰が望んでいるのだろうか。最近TPP推進派から似たような主張を聞くが、そのカンニングペーパーがここにあるのだとすれば、その根拠の薄弱さに驚かざるをえない。もっともさすがにこの本も関税がゼロでよいとは言っていないから、TPP参加論がいかに暴論かがわかる。

3　農協解体を願望する机上の空論

（1）そもそも農家が多すぎる？

わが国の農家戸数は1960年の606万戸から50年間で285万戸にまで減少した。私は1960年代に北海道の急激な農家減少に気がつき、離農農家の追跡調査を開始した。その経験から私は、とりわけ不況期における農家戸数の減少は、農家離農者の幸福にも農業の発展にもつながらないと考えている。そして北海道から始まった農家戸数の減少が、すでに全国的な流れになったことを憂えている。

ところがこの本の著者は、日本にまだ285万戸も農家が存在するのが気にいらないのである。しかもその大多数が兼業農家で、彼らが農村にいすわり、零細な土地にしがみついて構造改革を妨げ、農協組合員の圧倒的多数を占めているのがけしからんという。「高米価政策によって兼業農家が滞留したこと」が政策の失敗だったというのだ（31ページ）。

小泉内閣時代の農水省は、米生産の担い手は8万の「効率的かつ安定的経営」と集落営農を含めても40万戸あればよいと考えていたようだ。農基法農政を「3割農政」というならこれは「1割未満農政」であり、著者もその推進者だったのだろう。こうした選別主義農政はことごとく失敗してきたことを確認しておきたい。農業再建にはもっと多数の多様な農業者の参加が必要なのである。

農家戸数が600万戸だったころ、その半分が主業農家だった。そしてその多くは江戸期までの本百姓の系譜をひく旧家だったと考えられる。現在の農家数はほぼそれに対応するものであろう。この人たちは代々多くの分家を都会に出してきた「日本の本家」なのであり、本家として先祖の墓を守り、田畑と里山を守ってきた。農業で食えなければ兼業でも出稼ぎでも何でもして、日本のふるさとを守ってきた。

これからもできる限りそうするであろう。高齢農家も高齢農家として再生産される（『TPP反対の大義』森島賢論文参照）。それはこの人たちの生き方であり、ある意味で日本社会の基盤でもある。それを目の敵にするような農政は必ず失敗する。農水省の方針はこの点をめぐっていまだに揺れ続けているように思える。

(2) 兼業農家を排除した農協とは

いらない農家が多すぎると考える著者の立場からは、どのような農協論が導かれるのだろうか。著者は農協批判をする学者、研究者が少なくなったと嘆いているが、とんでもない。農協批判、農協改革論は花盛りで、本書の終章「強い農業を築くためにすること」で述べられている農協改革案も、どこかで聞いた話が多く、オリジナリティを主張できる部分はあまりないのではないか。

オリジナリティはさておき、著者は農協はほんらい「農業」協同組合なのであり、脱農化すべきでないという。賛成である。しかし「農協と兼業農家との結びつきを断ち切るべき時が来た」（197ページ）となるとどうだろうか。だいたい日本の農家の90％は兼業農家である。それを断ち切った農協とは何だろうか。著者は信用・共済事業分離論をとり、兼業農家は信・共専門JAに残り、残った企業的農業者が専門農協をつくれと言う。

果たして何人の組合員が集まり、いくつの専門農協ができるか。経済的弱者ならぬ強者の集まりが協同組合である必要があるのか、など疑問がたくさんあるが、実はこれと全く同じ考え方の農協が北海道で誕生したことがある。このことを著者はおおいに持ち上げているが、この「広域農協」が何年も前に倒産し、出資者に多大の損害を与えたことを著者は知らないのだろうか。北海道では有名な事件であり、教訓的な経過をたどっているので研究をお勧めする。断っておくが原因は「JAの圧力」などではない。

著者はこのほか、農協改革論として独占禁止法の適用除外をやめよとか、議決における一人一票制をやめよとかいろいろ提案している。言っているだけでなく、信・共分離論も独禁法適用論も政府機関や審議会で繰り返し検討されており、相当な背景をもつ提案とみられるが、こうした主張はこれまですべて退けられている。著者は「政治力を駆使した農協につぶされた」（200ページ）というが、いまの系統農協にそんな力はない。つぶれたのは提案自体に合理性がなかったからだろう。「一人一票」に至っては国際協同組合原則なのであって、役所の都合でやめさせられるものでもない。

（3）農協再生の道は別にある

著者の改革論は農協再生の道というより解体の勧めである。兼業農家を組合員とした信・共専門農協とはもはや農協ではないし、企業的農業者の集まりが成立し得たとしても、おそらくは協同組合とはよべない何ものかであろう。著者と周辺の人たちは農協や協同組合について知らなすぎるのではないか。実のところエリートと呼ばれる人に「協同」を説明することほど難しいことはないのだが、こういう人たちに解体を迫られる農協や組合員に対しては、だからこそ農協に結集してがんばろうと呼びかけたい。

断っておくが、私は農協の現状をまるごと肯定するつもりはないし、とくに脱農化や経営主義に対しては故武内哲夫との共著『明日の農協―理念と事業をつなぐもの―』（1986年、農文協）いらい強く批判してきた。しかし同時にそうした流れとは異なる農協、農業と組合員のために奮闘する農協の存在を確かめ、それらをひろく紹介する仕事にも従事してきた。本書にはとんでもない農協ばかり登場するが、私はその反証となる農協を直ちに多数列挙することができる。

農協改革の方向と内容は、こうした「別の道」のなかにすでに準備されているのであり、論者の机の上で生まれるものではない。多くの農協の不正常な歪みも、農業の正常な発展条件が整備されれば自ずから正されていく。そのためには「農政トライアングル」が「権力トライアングル」から自立し、余計なことをせず、為すべきことをなすことだ。

私は長年「全国家の光大会」の審査員を務めており、そこで発表される農協女性部の皆さんの家族と農業、地域社会を守る協同の取り組みにいつも感動させられている。今日の農協は、現場の様々な努力によって「無縁社会」に抗する農村のセーフティネットとなっているのが実情なのだ。ほんらい農協や協同組合というものは、もっとこうした角度から語られるべきなのではないだろうか。この本との付き合いに疲れて、ついこんなことを考えた。

（おおたはら　たかあき）

TPPの先輩＝プランテーション農業という犯罪に押し潰された東南アジア農村社会
TPPで壊されてはいけない「地縁型社会」

聖泉大学教授・京都大学名誉教授　高谷好一

1　はじめに
――TPPは水田稲作を基底にした安心社会日本を潰す

TPPが発動されると、日本の稲作が壊滅するのはまず間違いない。米価は、関税が撤廃されて57円／kgになるだろうと言われている（農水省試算）。こうなったら日本産の米は到底太刀打ちできない。日本の稲作農家はことごとく廃業しなければならない。

日本から稲作農家が消えてしまうと、日本の社会は大きく変わってしまう。日本が安心の社会をつくっているのは水田稲作が基底にあったからなのだが、この稲作が消えてしまうと、安心して生活しているこの社会そのものが崩壊してしまうのだ。このことは後にもう一度、議論してみたい。

2　世界の自然が壊される

日本が潰れるだけではない。世界全体がおかしくなる。世界には2種類の農業がある。自分たちが食う（暮らす）ためにおこなう農業と、今ひとつは他人に売って儲けるための農業である。後者の代表はプランテーションである。自給的な農業も、投機的なプランテーション型農業も一緒にして、両者を競争させようというのがTPPである。これがやられると、自給的な農業は壊滅的な打撃を受けるし、さらにプランテーションの広がった所の自然は大きく破壊される。

プランテーションがどんなものか、東南アジアの実例を見てみよう。

ジャワ島のサトウキビプランテーション

1830年代になるとジャワ島を獲得していたオランダは、そこでサトウキビプランテーションを始めた。ジャワの水田の5分の1にサトウキビを植えさせた。そして黒糖にしてヨーロッパに売り出した。黒糖は当時、大変儲かる農産物だった。だから、オランダはこれで大儲けをした。当時のオランダはイギリスと戦って敗れ、亡国の危機に瀕していたのである。だがこの黒糖の儲けでようやくにして生き延びた。

しかし、ジャワのほうは大変だった。すでに高い人口密度をもっていたジャワ島では、ただでさえ不足する水田を奪われて、大きな米不足を起こし、人びとは餓死状態になった。さらに、強引な作付体系への干渉のせいで、長く続いてきた伝統社会は大きく歪められた。一例を挙げよう。農民一人ひとりとの個別交渉の煩雑さを避けるために、オランダは私有田を村の共有田にしてしまった。こうなると、先祖伝来の田という意識は消滅する。ひいては家意識というものも希薄になる。こういうことが起こったのである。

同じころ、ビルマを手に入れたイギリスは、チークの大々的な伐り出しをおこなった。油気があって水はけの良いチーク材は、軍艦の甲板に張るには絶好の材料だった。だから大量に伐り出したのである。そして天然材が不足すると、チークのプランテーションを始めた。チークは極めて大事な軍需物資だったのである。

マレー半島のゴムプランテーション

イギリスによるもっと本格的なプランテーションは、20世紀末になっておこなったマレー半島におけるゴムプランテーションだった。それまでのマレー半島には、土地の王と一般の住民が熱帯林の中に住んでいた。そこにイギリス人がやってきて、その土地を借用したり掠め取ったりして、ブラジルからもってきたゴムを植えた。何万種という木々が生い茂る極めて豊かな森は、単純なゴム林に変えられてしまった。それが超広大な範囲でおこなわれたのである。

このゴム園造成の作業の中で、地元の住民は森の伐開に使役された。しかし10年足らずして木が成長し採液が可能になると、地元民ははずされた。替わって何十万人というインド人が、インド亜大陸から連れてこられた。細かい採液作業には地元のマレー人は向かないというのが理由だった。インド人はゴム園の中に造られた長屋に住まわされて、イギリス人の指示に従って採液をおこなった。ところが、そのイギリス人もまた指示を受けていたのである。アメリカのデトロイトでその年に生産される自動車の台数が決まると、それに必要なタイヤの量が決まる。それを基礎にして、アメリカの自動車会社はイギリス人プランターたちに採液量の割り当てを通知してきたのである。イギリス人たちはそれに従って、インド人を働かせた。

ゴムプランテーションというのは実に恐ろしいものだった。まず第一に、東南アジアの豊かな熱帯林は完全に消滅させられて、そこはブラジル原産のゴムの単純林になった。超広大な土地の自然が完全に破壊されたのである。そして、もともとの住民であるマレー人は排除され、新たに大量のインド人が移住させられた。ゴム園の経営者はイギリス人だった。だがその生産量はデトロイトの自動車会社によって決められた。そして、この全ての仕組みを牛耳っていたのはロンドンの金融業界であった。

戦後の日本と、こんにちのアメリカのプランテーション

日本も似たようなことをやった。日本が組織的に東南アジアの森にかかわるのは太平洋戦争後である。日本は東南アジアのラワン材を伐りに行った。最初はフィリピンで伐っていたのだが、やがてもっと遠いインドネシアに行き、その辺りの低地の木を伐った。巨木を伐り尽くしてしまうと、その次には合板に使える小径木を伐った。こうして低平地の森はあらかたなくなってしまった。するとやがて、そこがゴムや油ヤシのプランテーションに変えられた。最近はパルプ原料としてのユーカリやデーゴの類の早生樹の一斉林になっている所も少なくない。

これがプランテーションで実際に起こったことである。ところが今度はＴＰＰを通じて、このプランテーション系の農業が日本を襲おうとしている。形は少し違う。しかし、思想は全く同じである。

アメリカは広大な土地と地下水を利用して米プランテーションをおこなっている。たしかに今は安価な米がつくられているが、この稲作には大きな問題がある。これが続くと、アメリカの多くの農地は砂漠になるに違いない。地下水が枯渇するからである。アメリカは実に無謀な方法で米をつくり、それを日本に輸出しようとしている。そして持続的、自給的におこなっている日本の稲作を、低価格を武器に叩き潰そうとしているのである。地下水という世界の公共財の浪費や、日本人という他人の迷惑などは全く無視して、自分が儲けることだけを考えて、それを押し通そうとしている。それがＴＰＰの本性である。

3　壊滅する地域社会

オランダのサトウキビプランテーションのためにジャワ人たちが塗炭の苦しみを舐め、その社会が大きく歪められたことは、歴史がちゃんと実証している事実である。イギリスのプランテーションは、マレー半島の自然とマレー人

社会を完全に破壊した。これもすでに見たとおりである。

プランテーションの拡大が地域の社会を今なお破壊し続けている様を、少し紹介しておこう。以下に述べるものは、私自身がつい最近実見したものである。

北部ラオスは、焼畑耕作をする山地民がまだたくさんいる所である。そこに今、ゴムプランテーションが中国から広がってきている。ゴムプランテーションがおこなわれると、山地民は山を下りざるをえなくなる。すでにマレー半島の例で述べたように、ゴムプランテーションはそこの豊かな植生を完璧に破壊することによっておこなわれるものである。元の住民は伝統的な生活の方法を放棄するしかなくなり、しばしば効率的な作業の遂行のために住民の入れ替えがおこなわれる。ゴムプランテーションの拡大のために自分の村を追い出されたひとりの村長が、私たちに言った。

「私自身も村人も元の村にはもう帰れない。そこに帰ると、祖霊や精霊に殺されてしまうに違いないからです」

こういうことである。ゴムプランテーションが広がってきたので、彼らは村を離れなければならなくなった。それで皆で相談した結果、祖霊や精霊は元の場所に残していこうということになった。何せ、祖霊や精霊は巨木や巨岩に宿っているのである。そんなものまで持って移動して行くことは全く不可能だ。それで、村人たちは祖霊などによく説明して残ってもらうことにした。それ以外にやりようがなかったのである。それでも祖霊たちはきっとその措置に怒っているに違いない。だから「うかつに元の村に近づいたりしたら、祖霊たちに呪い殺されてしまうに違いない」というのである。

この言葉を聞いて私はショックを受けた。やむをえぬ措置だったのだが、祖霊や精霊を捨てたことで彼らは原罪にも似た罪の意識をもってしまっている。

この山地民が日頃どういう生活をしているかを、少し見てみよう。

彼らは実に心豊かな、かつ一元論的な生活をしているのである。私たちが高床の部屋で村人から話を聞いている間、しばしば犬が同席していた。犬は完全に私たちの話の仲間に入っているかのようだった。またしばしば、鶏や子豚が部屋を覗きにやって来た。床下では子どもたちが豚や鶏やアヒルと遊んでいた。山地民にとっては犬も鶏もアヒルも豚も家族の一員なのだ。実際、犬や豚には個人名が付けられている。犬などは自分の名を呼ばれると即座に振り向いて、呼んだ人の所にやってくる。牛や水牛にも個人名が付いている。こうした家畜がたくさんいて、彼らが全部家族なのである。1軒の高床家屋の中には7～8人の人間がいる。それと別に30～40匹の家畜がいる。それらが皆、合わさってひとつの家族をつくっているのである。

こうした家族の数戸から数十戸が集まってひとつの集落をつくっている。そして、それを取り巻いて森がある。森には巨木や巨岩や谷川や祠があり、そこには祖霊やいろいろの精霊がいる。そうした祖霊や精霊に取り囲まれて家族たちが日々の生活を送っている。なんという完璧な世界なのだろう。人間だけではなく、家畜も、木々も祖霊も一緒になって生きているのである。

さて、こうした豊かな世界とプランテーションの接点で見られるものが、実に酷いものである。完璧な世界が破壊され、住民たちはやむなく祖霊や精霊を見捨てて移動していっている。そして村人たちはそのことで大変な罪の意識をもってしまっている。祖霊や精霊には悪いことをしたのだから、そこに近寄ったら殺されるに違いないと恐れている。ほんとうに気の毒なことである。また、もったいないことだとも思う。山地民の生んだこの珠玉のような、一元論的な社会が、何の関心も払われないままに消し去られてしまっている。プランテーションは文化史的に考えても社会史的に考えても、重大な犯罪以外の何物でもない。

4　日本がなすべきこと
——水田稲作に涵養された共同の精神と地縁型社会を守る

TPPの圧力が高まっている今、日本がなすべきことは何だろうか。私は二つあると思う。ひとつは世界に向けて日本の考え方を表明することである。今ひとつは日本国内で、お互いに納得がいくまで充分な議論をすることである。

TPPに関する議論では多くが経済や政治の側面でおこなわれている。これはもちろん大事なことである。しかし私は、もう少し根源的なところから議論してみてはどうかと思っている。自然との共生や生物多様性といったところと絡ませて議論するのである。この問題は世界全体のことを考えた時、いまや経済や政治よりも大事な問題なのである。

生物の多様性が重要であるのと同じように、地域社会の多様性も極めて大事な問題である。近代合理主義が万全であるかのごとく喧伝され、それに沿わないものは原始社会として切り捨てることが当たり前だとされてきた。こうした流れの中で、珠玉のような個別社会が抹殺されてきた。先に述べたラオスの例がそれだ。だがこれは本当に正しいことなのだろうか。先進国といわれる所ではカミガミをなくし、敬虔な心をなくしてしまった。そして、人びとは乾いた砂粒のようにばらばらになってしまった。これで本当によいのだろうか。こういう基本的なところを皆で議論するように提案してみる。これが世界に向けて日本がなしうるひとつのことである。

今ひとつは日本の国内での対話である。TPPには賛否両論がある。お荷物になっている農業はこの際切り捨て、儲かる輸出産業に特化すべきだ、という賛成派の意見がある。一方では、主食の自給だけは確保すべきだ、そのためには輸出に多少のブレーキがかかるとしても、ＴＰＰは拒否すべきだという反対派の意見がある。私自身は後者の意見に賛同する。さらにこれに加えて、日本社会を壊してはならないからＴＰＰは受け入れるべきではない、と考えている。

ラオスの山地民は珠玉のような社会をつくっている。これとは少し性質が違うが、日本もそれに劣らぬ立派な社会をつくってきた。集落単位で助け合い、安心の社会をつくってきた。これは間違いなく、世界的に見ても大事な宝である。これは何百年も続いた水田稲作の中でつくられたものである。村びとみんなの協力で堰を築き、水を引き、その水を分け合って稲をつくってきた。日本の社会が地縁的にしっかりした安心の社会をつくっているのは、この伝統のお陰である。日本は経済発展に成功した。これも元はといえば、この共同の精神に支えられた良質な労働力があったからである。

万が一、ＴＰＰが受け入れられると、日本の稲作はまず間違いなく潰れる。たしかに今の日本の田舎は、昔のようながんじがらめの水利共同体ではない。しかし、それでもまだしっかりした地縁型の社会をつくっている。稲作水利のためのいろいろな共同作業や話し合いがあり、それに連動した他の協働の場もある。たとえば里中や神社境内の清掃などである。実効力のある自治会活動がある。それらを通じて人びとは共に働き、連帯意識の強い社会を維持している。しかし、ＴＰＰが受け入れられて稲作が壊滅すると、こういう社会の良き伝統は急速に失われていくに違いない。

日本の素晴らしさは、町と田舎が車の両輪のようになっていることである。都会が先導する経済発展が一方にある。しかしもう一方にはしっかりした地縁型の社会がある。地縁型の社会は、人を育てる伝統をしっかりと堅持している。そこでは日本の風土にあった良質な人たちが育てられている。こうした人たちが都会に送りだされ、また逆に、都会から新しい風が田舎に入り込んできている。これが日本の強みである。われわれが持っている宝である。この構造を放棄したとき、日本は大事な足場を失って、空中分解する。

都会に生まれ都会に住み続けている人たち、とくに若い人たちにはこの構造、とくに農村の内実は理解しにくいことかもしれない。しかし、何とかして理解してもらわねばならない。そうしなければ日本は本当に潰れてしまう。

（たかや　よしかず）

歴史と地域社会に学ぶ農政への抜本転換を

農業に国際基準はなじまない

政策研究大学院大学特別教授　原　洋之介

起　旧くて新しい課題 ＝自由貿易レジームと農業

資本主義ないし市場経済のグローバリゼーションのなかで、資本主義的競争を原理とする市場経済が、いま世界中の農業部門にも深く浸透しはじめている。だが、本当にどの地域の農業も、世界基準とされる画一的市場制度に「経済合理的」に適応していけるのであろうか。少し角度を変えていうと、どの国ないし地域でも、農業はいわゆる市場経済の純粋論理だけで編成されるものになりうるのだろうか。拙著『「農」をどう捉えるか』（２００６年、書籍工房早山）で論じておいたように、自由貿易レジームと日本農業との両立可能性というこの問題こそが、明治中期に近代農政論が登場して以来問われ続け、現在もなおわが国農業経済学において問われている最重要課題である。そして紛れもなく、ＴＰＰ参加に直面して問われているのは、この「旧くて新しい課題」なのである。

現在世界経済を不安定化させ景気後退を生みだしているグローバル規模での金融活動、つまり「金融資本主義」は、フェルナン・ブローデルの言葉を借りれば「自らの領分における資本主義」（『物質文明・経済・資本主義　15―18世紀　交換のはたらき』山本淳一訳、１９８６年、みすず書房）なのである。資本主義とは「基本的に利他的でない目的でおこなわれる、資本投入という絶えざる賭け」であり、どんなところからでも利潤をつくり出そうとして、つねに前進的に自己拡大しようとする独占力をもつジェネラリストたちがおこなう経済活動の束である。

もちろんどの国民経済にとっても、金融はその経済循環の心臓であり頭脳である。しかしいうまでもなく、どんな国民経済も金融部門だけで成立しているわけではない。人びとが生活で必要とする様々なモノの生産活動は、「他人の領分における資本主義」なのである。その代表といえる「産業資本主義」とも通称される工業生産においては、固定資本財への投資が必要となり、そこでの生産の決定に際しては、少なくとも数年先といった時間幅での予想ないし期待が前提となる。こういった工業生産は、資本主義の純粋原理からみると、利益実現までの時間が長く、かつ収益予想も不確実なものでしかありえない。また工場での生産には、人びとの組織化が不可欠であり、この組織づくりにはその社会での人間関係のあり様といった要因が強く関連してくる。こういった要因のために、金融市場は長期資金である付加資本を工業生産に十分に回すといった機能を果たしえないのである。

さらに農業は、特定の土地・自然を基盤とし、そこに歴史を築いてきた人びとの社会的な関係のなかで営まれる生産活動である。資本をもつ者が農地の購入によって農業生産を営む活動は、「農業資本主義」といえよう。このような資本家的農業まで含めて、そこでの資本形成の時間単位は、土地を含めた自然への働きかけが不可欠であるため、製造業に比べてもはるかに長い。また、生産が気候変動などに強く左右されるため、収益はつねに不確実でリスクに満ちている。さらにその生産活動は、村落社会といった歴史的形成物に深く埋め込まれていることが多い。農業は、資本主義にとって工業以上に「他人の領分」に属しているのである。資本主義が、こういう農業の持続的成長に必要な長期的資本の需要に対して、期待収益が不確実であるため、付加資本を十分に提供してくれることなどありえないのである。

金融イノベーションによって次々と生み出されてきた金融商品こそが、金融システムだけでなく経済全体をも不安定化させた２００８年危機の張本人である。こういった金融商品は流動性が高いため、その所有者は変化に余りにも速く反応せざるをえず、そのため実物部門の企業は長期的発展に必要となる「辛抱強い資本」を確保することができなくなる。そのため、「意図的に」金融市場の「効率性」を悪くさせることで、金融部門と実物部門とのスピードの差を縮めることが必要である。生産的投資が経済成果という実を結ぶまでには長い時間がかかる以上、スピードの差を大幅に縮めなければ、長期的投資と成長を促進することはできない。ハジュン・チャンが『世界経済を破綻させる23の嘘』（田村源二訳、２０１０年、徳間書店）で書き記しているこの提案こそが、世界経済の健全なる再建には不可欠なのではなかろうか。

承　変動相場制と長期的持続性
——ＴＰＰを考える基本視点

さて、現政権はなぜ、ＴＰＰへの参加を唐突に目指しはじめたのか。その背景には、対中国という安全保障面で日米同盟を深化させるという政治的意思があったことはほぼ間違いない。元外務副報道官の谷口智彦は、ＴＰＰはアメリカ、日本、シンガポール＝ブルネイ、オーストラリア＝ニュージーランド、そしてチリを頂点とするペンタゴン＝五角形の軍事同盟と全く整合的であると語っている（「ＴＰＰと『同盟ダイヤモンド』―拡張中国への抑止力」『中央公論』２０１１年3月号）。このような指摘を踏まえると、安全保障面での日米同盟を深化させるために、オーストラリアとともにアメリカがＴＰＰに参加する意思を表明し、すでに交渉をはじめていたので、日本もこれに乗り遅れるなと、拙速に考えたといわざるをえないであろう。そして貿易規模からみてＴＰＰへの参加とは、端的にいって日米自由貿易協定の締結であるといっても決して過言ではない。

現在アメリカ経済は、ドル安だけでは輸出が期待したほどに伸びず、国内雇用拡大のためにも諸外国の輸入関税の引き下げ・撤廃を求めざるをえない状態にある。オバマ政権はリーマン・ショック以降、自国の失業対策として5年間で輸出を倍増させることを掲げ、自国製品の輸出市場の拡大が不可欠と判断している。また上述の谷口は、米国のＴＰＰ戦略の中心は、アジアへの農業戦略であり、まず日本の農業市場の完全自由化、そして次に世界最大の食料消費国である中国の農業市場の自由化を目指していることを強調している（「米国のＴＰＰ戦略と『東アジア共同体』」『世界』２０１１年3月号）。これらの目的にできるだけ都合のいい仕組みをＴＰＰ参加国というブロック圏内につくり出すために、アメリカが主導して協定の中身、つまり貿易・投資のルールづくりが進められているのである。

記憶されている方も多いと思うが、ＡＰＥＣ会議直前にソウルで開かれたG20サミットで、アメリカは中国に元の切り上げを強く要請した。だが、際限なく金融緩和を続けるアメリカこそが通貨安競争の主役なのである。そして印刷機をフル回転させて供給されたドルは、投機目的で国際商品市場に流入し、石油や穀物の価格を高騰させている。だが、こういうアメリカの金融政策もそう長くは続けることなどできないはずである。

中国など東アジア諸国がアメリカへの輸出で経済成長し、貿易収支の黒字に相当する米国債などのドル建て資産を貯め込む。輸出主導経済国のそのような政策に支えられて、アメリカは自らの過剰消費経済を運営する。こういった「グローバル・インバランス（世界経済の不均衡）」のレジームは、サブプライム・ショック以降その持続性が疑われるようになり、ドル売りが加速化してきた。漂流するドルの為替レート調整の帳尻が円高なのである。間違いなく、長期的趨勢として「ガリバー型国際通貨体制」ともいわれるアメリカの一極支配体制は終焉に近づいている。そうである以上、ＡＰＥＣという枠組みの下で貿易自由化を進めるなら、それと補完的な関係にあるドル一極の国際通貨体制からの転換を進めなければならない。ＴＰＰ参加国相互間で為替レートが容易に変動してしまう仕組みが残る限り、貿易品の各国内での価格が短期的に揺れ動くため、貿易・投資の自由化は地域内での経済活性化を決して保証しうるものとはいえない。この事実を忘れることは許されないであろう。

ドル安・円高の趨勢がこれからも続けば、わが国の土地利用型農業は壊滅状態になろう。日本農業全体の総生産額は、農業の交易条件の悪化を主因のひとつとして、１９８０年代の半ばを境に減少しはじめ、それから今日までこのダウンサイジングは加速化しても止まることはなかった。その決定的ともいうべき契機が、85年プラザ合意以降の円高基調であった。円高は、国内価格体系のなかで、輸入財の相対価格を低下させる。そのため、農産物貿易の自由化もあって、農産物の内外価格差が増大していくことになったわけである。為替レートの激変による余りにも急激なスピードでの内外価格差の拡大は、わが国の穀物農業に対して、それへの調整時間を与えてくれるようなものではなかった。この事実を決して忘れてはならない。そして、このまま円高が続けば、農業だけでなく、協定参加国の輸入関税撤廃の効果など吹っ飛ばして、わが国輸出製造業の国外流出を加速化させてしまうであろう。

現在、グローバル化された資本主義経済は、自由貿易に、資本移動の自由化と変動相場制が組み合わさったルールの下で進展している。このようなレジームは、70年代はじめにアメリカの国家統治の基盤が、国家と労働者・農民との「ニューディール連合」から、ウォール街の金融資本家と国家との「新自由主義連合」へと変質することで成立した。それはまさに、金融資本主義の利益を第一義とする体制なのである。そして民主党政権になった現在のアメリカにおいても、ＷＴＯ加盟国に金融サービスの自由化を要求し続けるなど、新自由主義連合は崩れておらず、今もなおウォール街の金融資本がグローバル資本主義の主役であり続けている。

ところで、現在交渉中の日本・オーストラリアＦＴＡに関して、農業貿易の自由化以上に見過ごしてはならないのは、オーストラリア農業の持続性という問題である。生態史家のジャレド・ダイアモンドは、オーストラリアは地球上で最も非生産的な大陸であると指摘している。淡水は入手困難であり、昨今の干ばつ、豪雨にみられるように降雨量も予測不可能なほど不安定である。さらにイギリス人による開拓のはじめから、自生植物の一掃を、国有地を借り受ける農民に義務付けた政策を採用し続けてきた。そのため、羊の過放牧により草が減少し、本来的に肥沃ではない土地・土壌の劣化が加速してきた。文字どおりの意味での「マイニング」、つまり採掘は、時を経ても再生しない資源を利用し、その資源を枯渇させるということである。しかしオーストラリアでは、適切な利用であれば再生可能な資源まで収奪し続けており、まさに比喩的な意味での「マイニング」、つまり搾取こそが、オーストラリアの農業資源の将来に関して、最大の不安材料になっているのである（ジャレド・ダイアモンド『文明崩壊』「第13章　搾取されるオーストラリア」２００５年、草思社）。

もちろん、こういう農業資源の枯渇化に直面して政府も資源保全策に乗り出しているが、その中心は市場メカニズムを活用するタイプのものとなっている。水資源においては、用水取引所を創設し、インターネットによる電子取引まで含めて、灌漑用水と水利権双方が取引されるようになっている。水資源が稀少化すると、こういう市場取引によって価格が上昇し、それに誘発されて水利用の効率化が進むことが期待されているわけである。だが、利用可能な水が不足する傾向にあり、かつ誰でもが取引に参加できると、投機家の参入も含めて、所得の低い農民から水利権が一方的に売られてしまう危険性も大きい。そして何より、このような市場メカニズムを利用する政策で、農業資源の長期的持続性がどれぐらい高まるのかは、決して定かではない。

そして、長い歴史を持続させてきたわが国農業は、アメリカ、そしてオーストラリアとニュージーランドのような歴史の浅い「西欧の分家」である「新開地」の農業とは、決定的に異質であるという事実を忘れてはならない。風土や歴史に規定されたこのような農業の地域性を無視して、その時々の国際競争力だけを基準にして自由貿易地域といった拡大市場圏を構築すると、将来に重大な禍根を残すことになるのではなかろうか。

転　冷静な農政改革のための若干の論点

いうまでもなかろうが、ＴＰＰに賛成か反対かにかかわらず、現在わが国の農政・農業が早急に解決すべき重大な課題をもっていることは明らかである。その消費が半世紀以上にわたって低下し続けている米の価格維持のための減反政策は、その典型である。そしてこの米に代表される土地利用型農業の改革こそが問題の核心であり、農政改革は必須の課題なのである。本当に意味ある現実的な農政改革のあり様を構想するには、現実を直視した冷静な農政論を確立させねばならない。そのために、以下2つに絞って考えておくべき問題点を指摘しておきたい。

第一の論点は、農地法の改正である。日本農業、とくに土地利用型農業の国際競争力の強化が実現してこなかったのは、借地による経営規模拡大を阻害してきた農地法の存在である。こういう認識の下に農地法改正に向けての議論が続けられたのである。そして２００９年、半世紀にわたり問題となり続けてきた農地法も、所有から利用へ重点を移す方向に変更された。しかし果たして、そのような政策変更は、農業活性化の十分条件になりうるのであろうか。農地のレンタル市場は本当に競争的に機能しうるのか。

製造業の場合、「規模の経済性」の一層の実現による生産効率の向上は、商品として生産された設備・機械などの資本財ストックを売り買いする調整で実現しうる。これに対比してみて、農業の場合はどうであろうか。たしかに施設利用型農業では、製造業に似て、それなりに短期間での資本財施設の調整は可能であろう。家畜など動物資本には取引市場が存在しているので、畜産や酪農ではストック調整もそれなりに可能であろう。しかし土地利用型農業、とくに水田農業の場合はどうであろうか。土地も一種の資本財であり、ストック市場も借地市場もそれなりに存在はしている。だがこの市場は、例えば小麦市場に比べてはるかに不完全である。市場の力が自動的に土地取引を効率化させ、経営規模拡大がスムーズに実現するなどと、そう楽観的には期待できないはずである。とくに中山間地では、その地形に規定されて借地によって個別農家が規模拡大をおこなうことなどほとんど不可能なのである。つまり農地法制の改革は、必要条件にはなりえても十分条件ではない。

第二は、農地利用の規制緩和に関連する、外資も含めた民間企業の参入問題である。この問題は、これからますます大きな問題となってこよう。今まで農地は、農地法によって売買規制が定められ、農地監視の役割を担っていた。農業委員会の存在が農地監視の役割を担っていた。だが農地法の改正により、農業生産法人の要件を満たさない法人であっても、「地域農業との調和」に関するいくつかの要件を満たせば、「誰でも」農地の賃貸が可能となった。つまり海外からの投資も、農業委員会が地域農業との調和の要件を満たすと判断すれば可能となったのである。すでに私有林については、匿名のままで売買が成立しうるため、海外資本による「水源林」の買い占めがみられるようになっている。農地に関しても、例えばアメリカではコーンベルト地帯を中心に永住権といったシティズンシップの有無による規制と面積基準による農地取得規制が敷かれている。

残念ながら、わが国は農地・林地の所有・利用に関する仕組みづくりは、決定的に遅れている。林地に関しては、たとえば「重要国土」と「包括特区」を設定して、外国資本の流入に関するルールを明確にさせる必要がある。また農地に関しても、農用地と転用地とのゾーニング計画と併せて外国資本の土地利用に関するルールを、早急にはっきりと確立させることが急務であろう。そしていうまでもなく、森林、河川、水源そして農地は、地域経済の持続性を支える不可欠な公共性をもった資源である。そうである以上、山林・農地に関するこれらのルール構築は、わが国の農林資源利用を持続可能な仕組みにさせるためにも絶対に必要な政策処置なのである。

現在、外国籍資本も含む企業の農林地利用の全面解禁すら実施されようとしはじめている以上、「土地の用途がいまだ定まらずまたはその用途を自由に変更し得る場合においては、私人の判断に基づく利用が国家のためにあるいは危険なるものある」という柳田國男の一世紀前の『農政学』での指摘を改めて確認し、その所有・利用の厳格なルールをつくらなければならない。

結　農業の地域性を認めた農政論の構築を

世界の歴史を振り返ればわかるように、農産物は容易にグローバル市場で売り買いされてきた。だがその一方で生産要素の市場は、ローカルにしか存在しない場合が多い。農業生産にとって最も重要な土地は、国際的に取引されない。労働力ももっぱら地域内で調達される。地域における土地や労働という資源の賦存量だけでなく、取引制度のあり様も、それら生産要素の調達機会を規定している。経済のグローバル化と農業との関連を考えるに際しては、この事実を的確に認識しておくことが必須の出発点でなければならない。

いうまでもなく、世界には実に多様で異質の農業が存在している。詳細は前掲拙著に譲るが、西欧農業と日本農業との異質性だけをごく簡単に紹介しておこう。

ヨーロッパ農業の中核であった小麦生産は、大地を貪り、そのため定期的に大地を数年に一度は休ませざるをえず、ために家畜飼育が不可欠であった。また西欧の前近代では、商業資本主義が都市に隆盛し、その都市にブルジョアジーが勃興した。そして18世紀には、拡大していた市場に向けて小麦や畜産物、およびその加工品の生産をおこなう農業資本主義が成立した。とくにイングランドとベルギー、オランダといった西欧では、一方で土地所有階級、他方で農場経営者が出現すると同時に土地なし層が拡大した。

これに対し江戸期日本では、商業資本主義はあまり発達せず、農業では自給のための米生産が最も重要であった。モンスーン気候帯に発達した米栽培においては、人手のかかる、動物が入り込む余地のないような人間労働集約的な農作業が必須であり、雇用労働力にあまり依存しない家族農業が中心であり続けた。乾燥地という生態条件に規定されて、西欧では畑作での混牧農耕を基本とし、動物資本利用の集約化というベクトルをもった農業資本主義化が展開した。だが、モンスーン気候帯に属する日本では、水田という土地資本利用の集約化というベクトルをもった農業が中心となり、農業資本主義は生まれず小規模家族農業が歴史的に持続してきた。西欧と日本とのこのような比較からも明らかなように、世界には資本主義に親和的な農業と、そうではなく資本主義に敵対的な農業が並存しているのである。

このように地域によって農業が異質である以上、農業政策は他の国・地域での成功を「最良の学ぶべき模範」であるとして導入するなどできるものではない。農業とは、国際基準といったものに最もなじみ難い領域に属する産業である。農業・農村問題とは、地域社会の歴史や社会関係の構成原理といった状況・文脈にスペシフィックなものであり、地域によって大きく異なっているからである。

ＷＴＯやＡＰＥＣ、ＴＰＰが議論されるとき、農業はつねに「厄介もの」と見做されている。このようないささか困った状況を打破していくためにも、農業発展に必然的に付きまとう地域性という命題の理論的・実証的研究をおこない、世界の多様な農業が共存できるための国際的ルールと仕組みづくりを提案していかなければならないのではなかろうか。

（はら　ようのすけ）

執筆者（執筆順）

山口二郎　北海道大学大学院法学研究科教授
松原隆一郎　東京大学大学院総合文化研究科教授
中野剛志　京都大学大学院工学研究科助教
三橋貴明　作家・中小企業診断士
岡田知弘　京都大学大学院経済学研究科教授
高端正幸　新潟県立大学国際地域学部准教授
孫崎　享　元外務省国際情報局長・防衛大学校教授
菊池英博　日本金融財政研究所所長
東谷　暁　ジャーナリスト
関岡英之　ノンフィクション作家
二木　立　日本福祉大学教授・副学長
日本医師会／国民医療推進協議会
安田節子　食政策センタービジョン21代表・埼玉大学非常勤講師
高橋伸彰　立命館大学国際関係学部教授
鷲谷いづみ　東京大学大学院農学生命科学研究科教授
広井良典　千葉大学法経学部教授
野田公夫　京都大学大学院農学研究科教授
田代洋一　大妻女子大学社会情報学部教授
太田原高昭　㈳北海道地域農業研究所・北海道大学名誉教授
高谷好一　聖泉大学教授・京都大学名誉教授
原　洋之介　政策研究大学院大学特別教授

農文協ブックレット 2
ＴＰＰと日本の論点

2011年4月25日　第1刷発行

編者　社団法人　農山漁村文化協会

発行所　社団法人　農山漁村文化協会
〒107-8668　東京都港区赤坂7丁目6-1
電話　03（3585）1141（営業）　03（3585）1145（編集）
FAX　03（3585）3668　　振替　00120-3-144478
URL　http://www.ruralnet.or.jp/

ISBN978-4-540-10302-5
〈検印廃止〉

DTP 制作／新制作社　　　印刷・製本／凸版印刷㈱
乱丁・落丁本はお取り替えいたします。